Kristin Narr
Hannah Bunke-Emden

unter Mitarbeit von Hanna König und Felicia Lange

Maker Education und Makerspaces in der Schule

Tüfteln, konstruieren, programmieren mit Kindern in Klasse 3 bis 6

Cornelsen

Bildquellen: *Abb. 1:* Sandra Schön – lizenziert unter CC BY 4.0 (creativecommons.org/licenses/by/4.0/), drive.google.com/file/d/11QSx1pSk2w8jJoa2UknCvuQhIlaAt_HS/view; *Abb. 2:* Sandra Schön; *Abb. 3:* Sandra Schön – lizenziert unter CC BY 4.0 (creativecommons.org/licenses/by/4.0/), drive.google.com/file/d/1qHzNaZWt9rUgbg6rfSsv7-811yXnLvU5/view?usp=drive_link; *Abb. 4:* Sandra Schön, Martin Ebener & Kristin Narr – lizenziert unter CC BY 4.0 (creativecommons.org/licenses/by/4.0/), drive.google.com/file/d/1cgDCpiAJxT7M9tOiCX8icIuF4jN64YBr/view?usp=drive_link; *Abb. 5:* Maker Days for Kids Leipzig 2021 – lizenziert unter CC BY ND 4.0 (creativecommons.org/licenses/by-nd/4.0/deed.de), Fotografin: Anika Dollmeyer, drive.google.com/file/d/1VFmMRlr0Ozmvgor_O5LtooW7j9AulA4X/view?usp=drive_link; *Abb. 6:* Maker Days for Kids Leipzig 2022 – lizenziert unter CC BY ND 4.0 (creativecommons.org/licenses/by-nd/4.0/deed.de), Fotografin: Hannah Bunke-Emden, drive.google.com/file/d/15zsj42R4-exTEr9MBHou2uUippqoilB4/view; *Abb. 7:* Maker Days for Kids Leipzig 2021 – lizenziert unter CC BY ND 4.0 (creativecommons.org/licenses/by-nd/4.0/deed.de), Fotografin: Anika Dollmeyer, drive.google.com/file/d/1GXU3ISPeboamaUiS9IStcyWvLoX6N9cQ/view?usp=drive_link; *Abb. 8:* Hannah Bunke-Emden – lizenziert unter CC BY 4.0 (creativecommons.org/licenses/by/4.0/), drive.google.com/file/d/1sSpvnLtVVyhYR-xph-erRnkP7Fjw2k7I/view; *Abb. 9:* Maker Days for Kids Leipzig 2021 – lizenziert unter CC BY ND 4.0 (creativecommons.org/licenses/by-nd/4.0/deed.de), Fotografin: Anika Dollmeyer, drive.google.com/file/d/1LPRfccGrR5M4_SSDcGB879QaGhOCx_DX/view; *Abb. 10:* Maker Days for Kids Leipzig 2023 – lizenziert unter CC BY ND 4.0 (creativecommons.org/licenses/by-nd/4.0/deed.de), Fotografin: Felicia Lange, drive.google.com/file/d/1cUG_uy5VVL5zE1zytw3znyPzwd_Wg1_H/view; *Abb. 11:* Maker Days for Kids Leipzig 2022 – lizenziert unter CC BY ND 4.0 (creativecommons.org/licenses/by-nd/4.0/deed.de), Fotografin: Hannah Bunke-Emden, drive.google.com/file/d/1SjEjjHX2uA8t0SygXTPKYgrCb5VOQ3BC/view?usp=drive_link; *Abb. 12:* Maker Days for Kids Leipzig 2021 – lizenziert unter CC BY ND 4.0 (creativecommons.org/licenses/by-nd/4.0/deed.de), Fotografin: Anika Dollmeyer, drive.google.com/file/d/1xWatMmMirfJGVc4p4XAHzTysjbmY8DcL/view?usp=drive_link; *Abb. 13:* Maker Days for Kids Leipzig 2022 – lizenziert unter CC BY ND 4.0 (creativecommons.org/licenses/by-nd/4.0/deed.de), Fotografin: Hannah Bunke-Emden, drive.google.com/file/d/1uhSREywtBRSOOY0MnFqRvQSzY1cVF2Sj/view?usp=drive_link; *Abb. 14:* Hannah Bunke-Emden; *Abb. 15:* makerspace-schule.ch/making-im-schulalltag/umsetzen/; *Abb. 16:* Verbundprojekt MakEd_digital (Pädagogische Hochschule Ludwigsburg): Ralph Klein, Jana Gleitsmann, Anika Schilling und Jennifer Schmidt, Fotograf: Sebastian Schorn, sebastian.schorn@stud.ph-ludwigsburg.de; *Abb. 17:* Maurer & Ingold, 2021, S. 336; *Abb. 18:* Sandra Schön – lizenziert unter CC BY 4.0 (creativecommons.org/licenses/by/4.0/), drive.google.com/file/d/1zt-GmHGcDH77wIejWoEofly6iXcw2vKR/view?usp=drive_link; *Abb. 19:* Mario Parade; *Abb. 20:* Hannah Bunke-Emden; *Abb. 21:* Maker Days for Kids Leipzig 2021 – lizenziert unter CC BY ND 4.0 (creativecommons.org/licenses/by-nd/4.0/deed.de), Fotografin: Anika Dollmeyer, drive.google.com/file/d/1C6YuQcDvcWIUKh-w1yggSCRus4sqr0RN/view; *Abb. 22:* Barbara Keller; *Abb. 23, 24, 25, 26:* Anika Dollmeyer

Projektleitung: Maren Krüger, Berlin

Redaktion: Juliane Baumann, Berlin

Umschlaggestaltung: Corinna Babylon, Berlin

Umschlagfotos: stock.adobe.com/besjunior (Roboter), stock.adobe.com/~Bitter~ (Sprechblase), stock.adobe.com/kran77 (Platine im Hintergrund)

Layout: Studio SYBERG, Berlin

Technische Umsetzung: Compuscript Ireland and Chennai

www.cornelsen.de

1. Auflage 2023

Druck: H. Heenemann, Berlin

ISBN 978-3-589-16939-9

Inhaltsverzeichnis

Über diese Broschüre 4

1 Einführung in Making und Maker Education 5
Begriffsklärung 5
Bildungsbezüge und pädagogische Ansätze 6
Maker Education 7
Orte und Veranstaltungsformate 9

2 Maker Education mit Kindern und in der Schule 11
Maker Education mit Kindern 11
Interview – Maker Education und nachhaltige Bildung 12
Maker Education in der Schule 14
Methodisch-didaktische Gestaltung 17

3 Themen, Projekte, Werkzeuge 22
Fächerbezüge 22
Film, Foto, Audio 25
Basteln, Tüfteln und Konstruieren mit verschiedenen Materialien 27
Tüfteln mit Strom 30
Dreidimensionalität und virtuelle Realitäten 33
Roboter und Programmieren 36
Ausblick Makerspaces 39
Interview – Maker Education im Unterricht 40

4 Makerspaces als Ort für Maker Education 44
Kreativer Raum für freies Entfalten und Lernen 44
Werkzeuge und Grundausstattung 47
Interview – Aufbau und Grundausstattung von Makerspaces 49
Überzeugungsarbeit: Wie sage ich es meiner Leitung? 53
Interview – Überzeugungsarbeit und Maker Mindset 54

5 Weiterführendes 59
Erfahrungsbericht – Elternarbeit und Selbstwirksamkeit 59
Anlaufstellen und Sammlungen 60

Quellenverzeichnis 63

Über das Autorinnenteam 64

Über diese Broschüre

Wie schön, dass Sie zu dieser Broschüre „Maker Education und Makerspaces in der Schule: Tüfteln, konstruieren, programmieren mit Kindern in Klasse 3 bis 6" gefunden haben. Wir freuen uns, dass Sie sich für das Thema *Making und Maker Education* interessieren, und möchten Ihnen kurz erläutern, wie diese *praxisnahe Broschüre* aufgebaut ist.

Zunächst wird in **Kapitel 1** eine Einführung in das Thema sowie ein Überblick über die Begriffe Making und Maker Education gegeben. Außerdem werden Bezüge zu verschiedenen Bildungstheorien und pädagogischen Ansätzen aufgezeigt. In **Kapitel 2** wird der Fokus auf Making und Maker Education mit Kindern und in der Schule gelegt. Ein Schwerpunkt liegt dabei auf den Potenzialen von Maker Education für Bildungskontexte sowie den methodisch-didaktischen Gestaltungsmöglichkeiten für Making-Projekte. In **Kapitel 3** geht es um konkrete Themenbereiche, Projekte und Werkzeuge für Making und Maker Education mit Kindern. Überdies wird aufgezeigt, welche Fächerbezüge mit Making-Projekten möglich sind. Schließlich werden in **Kapitel 4** Makerspaces, offene Werkstätten, als Orte für Making und Maker Education näher beschrieben. Zum Abschluss werden Ihnen in **Kapitel 5** Anlaufstellen, Sammlungen und Weiterbildungsangebote an die Hand gegeben, die Unterstützung dabei bieten, selbst mit Schülerinnen und Schülern ins „Machen" zu kommen.

Der Inhalt dieser Broschüre wird durch *Interviews* mit Praxispartnerinnen und Praxispartnern ergänzt. Diese geben Einblicke in Hintergrundinformationen und Erfahrungen aus der Praxis von Expertinnen und Experten im jeweiligen Themenbereich.

Darüber hinaus werden die einzelnen Kapitel von sogenannten *Lupenthemen, Exkursen* und *Projektideen* begleitet. Die Lupenthemen gehen gezielt und näher auf bestimmte Teilbereiche und spezielle Aspekte von Making ein, nehmen diese unter die Lupe und betrachten sie für sich. Die Exkurse behandeln themenverwandte Konzepte, die eng mit dem Making verbunden sind und ermöglichen einen kurzen Einblick. Konkrete Inspiration erhalten Sie durch die Beispiele für Making-Aktivitäten in den Projektideen.

Wir wünschen Ihnen viel Vergnügen bei der Lektüre!

1 Einführung in Making und Maker Education

> *„Ich wusste gar nicht, dass ich sowas wie nähen kann!" – „Ich dachte nicht, dass ich das mit dem Programmieren verstehe, aber jetzt habe ich es geschafft." – „Ich finde es super, dass ich endlich mal den 3D-Drucker ausprobieren konnte. Zu Hause geht das nicht."*

So klang die Resonanz von Schülerinnen und Schülern nach verschiedenen Maker-Projekten. Ein Grund von vielen, aus dem die Begriffe *Making, Maker Education* und *Makerspaces* in den letzten Jahren im Zusammenhang mit „zeitgemäßer Bildung" in der Schule immer wieder auftauchen. Doch was meint Making eigentlich? Was ist Maker Education? Und was hat das mit Bildung und Pädagogik zu tun? Dieses Kapitel beantwortet genau diese Fragen und erklärt, was Making ist, welche Potenziale darin stecken und in welchen Settings Making-Aktivitäten stattfinden können.

Begriffsklärung

Was bedeutet der Begriff *Making*? Er leitet sich aus dem Englischen von „to make", also „machen" ab. Gemeint ist vor allem das Selbermachen mit traditionellen, analogen und digitalen Werkzeugen, Medien und Technologien, aber auch die Verbindung von klassischem Handwerk mit digitalen Fabrikationsmöglichkeiten, wie beispielsweise dem Einsatz von Lasercuttern in einer Holzwerkstatt, programmierbaren Stickmaschinen bei Hand- und Textilarbeiten oder 3D-gedruckten Objekten im Modellbau.

Der gesellschaftliche Trend zum Selbermachen wie auch die *Do-it-yourself*-Bewegung (DIY) ist dabei eigentlich nichts Neues – Menschen bauen seit vielen Jahren wieder vermehrt selbst an und gärtnern, handwerkeln in den eigenen vier Wänden, fertigen Möbel, gestalten Schmuck oder machen Altes zu Neuem. Damit könnte sich die Frage stellen, ob *Making* einfach ein neuer Begriff für etwas ist, das schon lange da ist. In jüngerer Zeit ist eine entscheidende Komponente dazugekommen, die das „Selbermachen" verändert hat: Mit Möglichkeiten der digitalen Fabrikation, die auch für Privatpersonen zugänglich wurde – wie z. B. mithilfe von 3D-Druckern oder Lasercuttern –, entwickelte sich die sogenannte *Maker-Bewegung*.

Mit den Mitteln der digitalen, computergesteuerten Fabrikation einher gingen neue Möglichkeiten der kreativen Gestaltung: Von der rein digitalen Fabrikation über die Reparatur von Dingen mit eigens gefertigten Teilen (z. B. in sogenannten Repair-Cafés) bis hin zur Kombination aus klassischem Handwerk und digitalen Technologien. Dabei finden Making-Aktivitäten häufig in gut ausgestatteten, offenen Werkstätten, sogenannten Makerspaces, statt, in denen meist Erwachsene zusammenkommen, um an Projekten zu tüfteln und gemeinsam zu arbeiten. So entsteht oft intuitiv eine Dynamik des Helfens untereinander, des Teilens von Wissen und des Peer-to-Peer-Lernens.

Bei Making-Aktivitäten geht es nicht darum, „etwas Schönes zu basteln", vielmehr geht es um das kreative Gestalten als Mittel zum eigenen Erschaffen von Produkten, die oft eigene und mitunter gesellschaftliche Probleme lösen und praktische Anwendung haben. Durch das Selbermachen ist es möglich, hinter die Fassade herkömmlicher (technischer) Lösungen zu schauen – wie bringe ich mein Produkt dazu, so zu funktionieren, wie ich es will und was brauche ich dafür?

Für die Maker-Bewegung werden *neun Prinzipien* beschrieben, die die Bewegung charakterisieren und als grundsätzliche „Regeln" gesehen werden können (vgl. Hatch, 2014):

- *Mache* – Gestalte, kreiere Dinge und fang einfach an damit.
- *Teile* – Zeige anderen, was du geschaffen hast, teile Ideen und (Miss-)Erfolge.
- *Gib* – Verschenke auch mal Dinge, die du selbst gemacht hast.
- *Lerne* – Niemand kann alles, egal wie alt oder erfahren die Person ist. Jede und jeder sollte nie aufhören, weiterzulernen.
- *Rüste dich mit Werkzeug aus* – Suche dir Zugang zu dem, was du brauchst, es gibt so viel! Probiere Unterschiedliches aus.
- *Spiele* – Gehe spielerisch an Dinge heran und lass dich überraschen, was daraus wird.
- *Mach mit* – Tausche dich mit anderen aus, teile gute Ideen in deiner Gruppe oder im Internet.
- *Unterstütze* – Hilf anderen in ihrem Making-Prozess durch das, was du gerade geben kannst.
- *Verändere* – Bleibe entdeckungsfreudig, verändere dich und die Gesellschaft.

Mit dem Rückbezug von Making-Aktivitäten auf eine gesellschaftlich entwickelte Maker-Bewegung wird deutlich, dass Making an sich erst einmal nichts mit Bildungskontexten zu tun hat. Trotzdem sind Making-Aktivitäten und auch Makerspaces vermehrt in der Schule und außerschulischen Bildungsangeboten zu finden. Warum ist Making also interessant für Bildungskontexte und findet vermehrt Anwendung im schulischen Bereich?

Bildungsbezüge und pädagogische Ansätze

Making-Aktivitäten können sowohl inhaltlich als auch methodisch-didaktisch sehr vielfältig ausgestaltet sein. Je nach Schwerpunktsetzung lassen sich Verbindungen zu verschiedenen Lerntheorien, Bildungsansätzen und pädagogischen Disziplinen ziehen. Begründet wird das bildungstheoretische Interesse in den Making-Aktivitäten inhärenten Aspekten, vorneweg dem *Lernen durch Machen* durch das aktive Gestalten und Konstruieren von Kindern und Jugendlichen, womit eine aktive Form des Lernens einhergeht. In den aktiven Lernsettings werden neues Wissen und Kompetenzen durch Ausprobieren und Selbermachen angeeignet. Außerdem bieten Making-Aktivitäten für Bildungskontexte die Chance, binnendifferenziert und individuell auf die Lernenden einzugehen und Lernerfolge durch andere Formen und Erlebnisse erfahrbar zu machen.

Lernen durch Machen bedeutet in allen Altersgruppen eine aktive Auseinandersetzung mit verschiedenen Materialien, Werkzeugen, Konstruktionen aber auch Funktionsweisen und (Arbeits-)Abläufen. Dies ermöglicht ein tiefgehendes Verständnis, regt gleichzeitig eine (gesellschaftliche) Reflexion an und animiert zur weiteren, interessenorientierten Auseinandersetzung. Aspekte von Making-Aktivitäten wie die Nutzung (digitaler) Werkzeuge, kreatives Gestalten, praktische Erfahrungen, selbstbestimmte Tätigkeiten, kooperatives und gleichberechtigtes Arbeiten sowie die gesellschaftliche Reflexion lassen Bezüge zu u. a. folgenden pädagogischen Ansätzen ziehen (vgl. Schön et al., 2016, ab S. 14 und Boy & Sieben, 2017, ab S. 19):

- Reformpädagogik und Handlungsorientierung (z. B. handlungsorientierte Medienpädagogik)
- MINT-Bildung
- digitale Bildung
- kulturelle und künstlerische Bildung
- politische Bildung
- handwerkliche Bildung
- Bildung für nachhaltige Entwicklung
- Erlebnispädagogik
- Peer-Learning (Kinder lernen mit- und voneinander)

Maker Education

Für Making in pädagogischen Kontexten wird häufig der Begriff *Maker Education* verwendet. Maker Education adaptiert das offene Lernen in einem Makerspace der Erwachsenen in Formaten für Kinder und Jugendliche. Dabei werden Inhalte, ebenso wie Didaktik und Methodik von Making-Aktivitäten in Makerspaces und vor allem die Haltung der Maker-Bewegung auf Bildungssettings – auch und insbesondere für Kinder und Jugendliche – übertragen. Gemeint ist insbesondere das gemeinsame Gestalten von Produkten mit (digitalen) Werkzeugen und Technologien in einer Atmosphäre des offenen und selbstgesteuerten Lernens von- und miteinander (vgl. Schön, Ebner & Narr, o. J., S. 6).

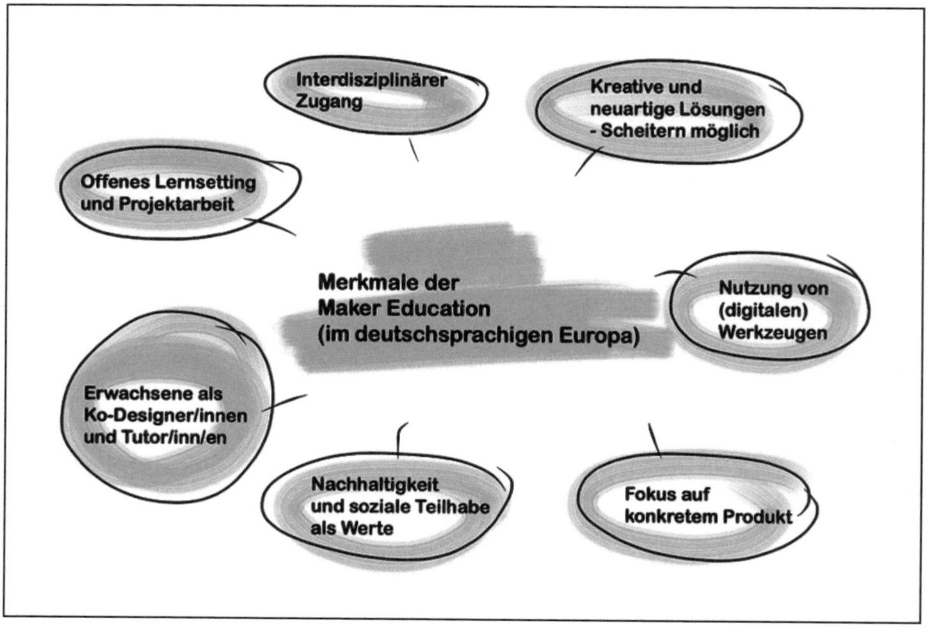

Abb. 1 Merkmale von Maker Education

Maker Education zeichnet sich durch *verschiedene Merkmale* aus (vgl. Schön & Ebner, 2019, S. 13 und siehe Abb. 1), die im Folgenden näher erläutert werden.

Der Fokus liegt zumeist auf einem konkreten Produkt, das aktiv gestaltet wird. Dies geschieht mithilfe von analogen und/oder digitalen Werkzeugen. Somit ist das Ergebnis entweder physisch anfassbar, digital erstellt oder vereint beide Komponenten. Aufgrund der vielfältigen Möglichkeiten und Werkzeuge gestaltet sich der Zugang interdisziplinär. Medien werden in diesem Kontext ebenso als Werkzeuge begriffen und gezielt für das Erschaffen kreativer Produkte eingesetzt (vgl. Knaus & Engel, 2015). Nachhaltigkeit, soziale Teilhabe und andere gesellschaftliche Themen spielen eine große Rolle. Dabei wird großer Wert auf Zusammenarbeit, Voneinander-Lernen und Sich-gegenseitig-Unterstützen gelegt.

Mit Making-Aktivitäten sollen neue und kreative Lösungen für gesellschaftliche Probleme oder Fragestellungen gefunden werden. Gleichwohl besteht kein Anspruch auf Perfektion und eine fehlerfreie Umsetzung. „Scheitern" wird als etwas Positives verstanden, das immer möglich und manchmal sogar nötig ist, um voranzukommen. Maker Education findet klassischerweise in offenen Lernsettings oder in Form von Projektarbeit statt. Dabei nehmen Erwachsene üblicherweise die Rolle als Tutorin oder Tutor ein, die unterstützen und begleiten können, wenn es Probleme gibt.

Making-Aktivitäten sind besonders erfolgreich, wenn das Lernen von- und miteinander und damit das Peer-to-Peer-Lernen angeregt wird. Auf diese Art können Schülerinnen und Schüler einander helfen und sich gegenseitig unterstützen, ohne auf Lehrkräfte angewiesen zu sein. Diese stehen beratend und begleitend zur Seite, dürfen aber auch die Rolle abgeben und die Kinder als Expertinnen und Experten betrachten. So können z. B. auch Lernressourcen wie Materialien oder Tutorials entstehen, die von Kindern für Kinder gemacht sind und damit zugänglich sowie lebensweltnah sind und die Interessen lernender Kinder treffen.

Making-Aktivitäten und Maker Education tragen damit maßgeblich zur digitalen Mündigkeit und einer selbstbestimmten, aktiven Teilhabe in einer digital geprägten Welt bei. Durch das Arbeiten mit digitalen Werkzeugen und Materialien wird ebendiese Technologie für Kinder und Jugendliche erfahrbar und zu einem Teil ihrer Lebenswelt. Making-Aktivitäten bieten dabei Selbstwirksamkeitserfahrungen und Empowerment. Ziel ist es, mit Maker Education ein tiefgehendes Verständnis unserer digital geprägten Welt und Gesellschaft anzuregen und zu stärken sowie über das reine Nachvollziehen von Technologien und Systemen hinauszugehen, nämlich kreatives Gestalten zu fördern und eigene Produkte neu zu schaffen (vgl. Maurer & Ingold, 2021, ab S. 70 und Meißner, 2022, ab S. 303).

Orte und Veranstaltungsformate

Orte für Making-Aktivitäten und Maker Education können je nach Zielsetzung und Aktivität sehr unterschiedlich gestaltet sein. Von einem kurzweiligen Projekt im Unterricht über schulische und außerschulische Projektwochen bis hin zu komplett ausgestatteten Räumen und Werkstätten ist alles möglich. Typische Orte und Formate sind im Folgenden aufgelistet.

Makerspaces: Makerspaces sind offene, gut ausgestattete Werkstätten, meist für Erwachsene gemacht, aber auch immer häufiger in Schulen zu finden. Hier gibt es verschiedene Werkzeuge und Arbeitsbereiche wie z. B. Holz- oder Metallverarbeitung, 3D-Druck, Textilarbeiten, Löten oder die Arbeit mit Film/Foto/Audio. Oftmals gibt es in jedem Bereich verantwortliche Menschen, die besondere Expertise haben und Hilfestellung geben können.

FabLabs: FabLabs (kurz für fabrication laboratory) sind wie Makerspaces offen für alle, der Fokus liegt in diesen Werkstätten auf digitaler Fabrikation und der computergestützten Entwicklung von Produkten. Häufig sind dort komplexe Technik und Technologien zu finden. FabLabs können auch Teil eines Makerspace sein. Zu der Ausstattung gehören überwiegend digitale Werkzeuge und Maschinen, beispielsweise Lasercutter, 3D-Drucker oder CNC-Fräsen.

Repair-Cafés: Repair-Cafés sind Selbsthilfewerkstätten, in denen Hilfe bei der Reparatur von Alltagsgegenständen angeboten wird, um sie so nachhaltig weiter nutzen zu können und nicht wegwerfen zu müssen. Kombiniert mit einem kleinen Imbissangebot entsteht eine gemütliche Atmosphäre des Tüftelns und Reparierens.

(Außerschulische) Veranstaltungen: Es gibt verschiedene Veranstaltungen wie Projekte, Hackathons oder Maker Faires, die unterschiedliche Schwerpunkte setzen und bei denen auch Kinder und Jugendliche in verschiedenen Formaten Making ausprobieren können. Bei einem Hackathon z. B. kommen Menschen zusammen und arbeiten miteinander an Lösungen für ein übergeordnetes, gesellschaftliches Problem. Diese Lösungen entstehen in Form von Software, die die Teilnehmenden selbst entwerfen, planen und programmieren. Dabei stehen ihnen Expertinnen und Experten zur Seite, um im Zweifelsfall beraten zu können, jedoch nichts vorzugeben. Maker Faires sind messeähnliche Veranstaltungen, die vielfältige Einblicke an Stationen und Mitmach-Aktionen bieten.

2 Maker Education mit Kindern und in der Schule

Wie sieht pädagogisches Making und Maker Education mit Kindern aus? Wie kann Maker Education in der Schule, auch und vor allem methodisch-didaktisch, umgesetzt werden? In diesem Kapitel geht es um Besonderheiten bei der Umsetzung von Making-Aktivitäten und Merkmale von Maker Education in der Schule.

Maker Education mit Kindern

Making-Aktivitäten mit Kindern sind häufig von Erwachsenen angeregt und strukturiert und unterscheiden sich von Making-Aktivitäten mit Erwachsenen. Während bei Erwachsenen die Motivation in der Regel aus ihnen selbst heraus entsteht, sind bei Kindern meist konkrete Anregungen der Ausgangspunkt. In Verbindung mit einem Rahmen, innerhalb dessen sie sich ausprobieren und interessengeleitet arbeiten können, wird deren intrinsische Motivation angeregt.

Aus diesem Grund ist es wichtig, eine gewisse Struktur vorzugeben, innerhalb derer die Schülerinnen und Schüler Freiräume finden, um sich selbst zu entfalten. Beispielsweise kann durch eine Raumeinteilung in verschiedene Arbeitsbereiche mit bereitgestellten Werkzeugen oder durch eine Materialauswahl eingegrenzt werden, womit sich die Kinder beschäftigen. Dennoch haben sie in beiden Fällen die Gelegenheit, frei auszuprobieren, zu tüfteln und sich kreativ einem Produkt zu widmen. Gerade zu Beginn und wenn Making-Aktivitäten noch eher unbekannt sind, sind als Einstieg auch Settings, in denen es um das Nachbauen von Produkten mithilfe einer Anleitung geht, denkbar. Der Ausgang des Making-Prozesses sollte dabei immer offen und auch didaktisch nicht zu stark eingegrenzt werden. Durch die individuellen Lernwege können neue Erkenntnisse und Zufallsentdeckungen entstehen (vgl. Maurer & Ingold, 2021).

Verschiedene Werte sind bei Making-Aktivitäten mit Kindern besonders zentral:

- **Selbstwirksamkeit:** Das Kind darf ein Produkt erschaffen und den Prozess von der Idee bis hin zur Präsentation des Produktes miterleben. Die Präsentation ist daher zentral, denn damit kann das Kind zeigen: Das habe ich gemacht!
- **Selbstgesteuertes Lernen:** Das Kind kann in eigenem Tempo vorgehen und wählt ganz bewusst allein aus, was ihm gefällt, welche Werkzeuge sich anbieten, welche Gestaltungsmöglichkeiten als besonders schön empfunden werden etc.
- **Intrinsisch motiviertes Lernen:** Sich aus Neugier oder Interesse einem Thema, einem Werkzeug, einer Methodik widmen, ist zentral für Maker Education. Das

Freiwilligkeitsprinzip sollte dabei immer Vorrang haben: Die Schülerinnen und Schüler entscheiden sich aus sich selbst heraus für ihre Projekte.
- **Lernen am und mit dem Gegenstand:** Alles, was die Kinder lernen, passiert, während sie etwas Konkretes tun und indem sie frei entscheiden, was für sie wichtig ist. Dabei wird kein Thema aufdiktiert, es entsteht im Machen und mithilfe eines Produkts. Vielleicht dadurch, dass sie sich, um einen Pferdestall für Spielzeugtiere zu bauen, mit einem Grundverständnis von Konstruktion beschäftigen oder weil für den Trickfilm unbedingt recherchiert werden muss, ob die Maus oder die Ratte längere Zähne hat. Vielleicht ist es aber auch einfach die Funktionsweise einer Säge beim Zuschneiden von Leisten.
- **Kritische Auseinandersetzung mit Welt und Gesellschaft:** Durch Making-Aktivitäten soll ein Verständnis für verschiedene, gesellschaftliche Themen vermittelt werden. Etwa der nachhaltige Umgang mit Ressourcen oder der Zweck von Gegenständen, die alltäglich genutzt werden. Viele Making-Aktivitäten orientieren sich an den 17 Zielen für nachhaltige Entwicklung und setzen einen Schwerpunkt im Bereich *Bildung für nachhaltige Entwicklung*.

Making-Aktivitäten (in der Schule) fokussieren nicht nur fächerbezogene Inhalte und Kompetenzen, wie etwa informatische Grundbildung oder die Bedienung von Geräten, sondern auch übergreifende Kompetenzen. Elementar sind dabei soziale Kompetenzen im Miteinander beim Arbeiten mit verschiedenen Werkzeugen und Materialien, aber auch kreatives Problemlösen und das Einbeziehen verschiedener fachbezogener Kenntnisse, die abgerufen und miteinander in Einklang gebracht werden müssen.

Mit Maker Education werden zudem die „4K-Kompetenzen“ angesprochen: Kollaboration, Kommunikation, Kreativität und Kritisches Denken. Making-Aktivitäten sind alle diese Fähigkeiten natürlicherweise inhärent. Das gemeinsame Tüfteln und Miteinander-Austauschen sind ebenso ein Bestandteil von Making-Aktivitäten wie der kreative Ideenfindungsprozess, die Umsetzung und das problemlösungsorientierte Planen, Hinterfragen und Reflektieren (vgl. Stilz, Ebner & Schön, 2020).

Interview – Maker Education und nachhaltige Bildung

Über Sandra Schön:

Sandra Schön forscht seit vielen Jahren im Bereich Bildung und Technologien u. a. mit Schwerpunkt auf OER (Open Educational Resources) und Maker Education mit dem Ziel, neue Wege des Lernens zu erforschen und innovative Lösungen für technologiegestützte Bildung zu entwickeln. Derzeit arbeitet sie am „Institute of

Abb. 2 **Sandra Schön**

Interactive Systems and Data Science" an der Technischen Universität Graz in Zusammenarbeit mit dem Team der „Lehr- und Lerntechnologien" und beim „Forum Neue Medien in der Lehre Austria" im Projekt „Open Education Austria Advanced" in Graz. Darüber hinaus ist sie außerordentliche Professorin für Innovationen im Lernen an der Staatlichen Universität Malang in Indonesien. Zudem entstehen einige ihrer Arbeiten in Zusammenarbeit mit dem Verein BIMS e. V.

Was hat Maker Education mit nachhaltiger Bildung zu tun?

Der Begriff „Nachhaltige Bildung" kann auf mehrere Weisen interpretiert werden: Nachhaltigkeitsthemen, z. B. Ressourcenschonung, Upcycling, saubere Luft, also auch Aspekte, die von den Nachhaltigkeitszielen der Vereinten Nationen adressiert werden, gehören für die meisten Maker-Education-Projekte im deutschsprachigen Europa zu den Zielsetzungen, Themen und Arbeitsmethoden. Ich denke, weil es hier auch vielfach von entsprechend engagierten Personen aufgenommen wurde – denn in den USA ist dieser Konnex nicht ganz so stark. Das sieht man z. B., wenn man Bücher mit Maschinen zum Selberbauen anschaut und das erste ist eine Styroporschneidemaschine. Nachhaltige Bildung kann auch verstanden werden im Sinne des SDG 4 – und hier sehe ich Maker Education auch vielfältig engagiert und passend: Es gibt oft ein Bemühen um Niedrigschwelligkeit, Genderbalance, Inklusion oder es wird an und mit offenen Bildungsressourcen (OER) gearbeitet. Schließlich ist Maker Education mit den doch abstrakten Lernzielsetzungen im Sinne der 4K oder auch anderen als „Zukunftskompetenzen" bezeichneten Kompetenzen nachhaltig, wenn und weil sie sich als Beitrag dazu sieht, zukünftige kreative und kompetente Weltgestalterinnen und Weltgestalter auszubilden.

Wie muss sich Schule deiner Meinung nach (strukturell) verändern, um nachhaltige Bildung zu ermöglichen?

Ich würde mir wünschen, dass es mehr Frei- und Spielräume gibt – denn das ist der Raum, den Innovation braucht. Eine Stunde je Klasse und Woche für Kooperationen mit Externen und eigenen Themen, also einen Freiraum mit Kindern zu ergründen was ihnen wichtig ist und welchen Beitrag sie gern dazu leisten möchten: Wenn ich diesen Freiraum, z. B. im Rahmen des Projekts DOIT hatte, kamen von ganz allein „nachhaltige Themen" auf die Agenda – beispielsweise wurde so für eine Schule ein „Schulmüsliriegel" entwickelt, als gesunder Snack – und völlig überraschend für die beteiligten Erwachsenen – wurden Unfallstellen im Schulhaus identifiziert und

Lösungen dazu entwickelt. Und obwohl das tierisch ernst und erwachsen klingt, macht das kreative und gemeinsame Arbeiten an Prototypen und Lösungen auch schlichtweg sehr viel Spaß.

Wie kann Maker Education zu nachhaltiger, zeitgemäßer Bildung in der Schule beitragen?

Maker Education passt ja nicht so gut in Schulen, weil sie so anders ist: Auf Augenhöhe, kooperativ, reflektierend aber nicht bewertend, kreativ und nicht gut planbar, häufig auch unklar und offen in Bezug auf Inhalte und (zu erreichende) Lernziele, es geht auch regelmäßig etwas schief (scheitern gehört dazu!) und dann auch noch interdisziplinär. Maker Education bringt typischerweise auch unterschiedliche Menschen zusammen, z. B. Handwerkerinnen und Handwerker sowie Künstlerinnen und Künstler. Maker Education ist nicht nur ein neues „Thema": Es ist auch Impuls für Lehrkräfte über die Unterrichtsgestaltung nachzudenken, Schule als gemeinsamen Lehr- und Arbeitsraum zu begreifen und dafür, sich auch als Teil einer Schulgemeinschaft zu verstehen, die gemeinsam Schule gestaltet. Und immer wieder erleben wir Kinder, die im schulischen Sinne keine Performer sind, die aber durch Organisations- und Kommunikationsgeschick, Handfertigkeiten oder kreative Ideen in unseren Settings (endlich) positiv wahrgenommen werden. Das alles ist aus meiner Sicht zeitgemäß und ein Kontrapunkt zum vielfach vorherrschenden Schulverständnis und -konzept. Und klar: digitale Tools und innovative technische Entwicklungen sind dann noch quasi das i-Tüpfelchen für „zeitgemäße Bildung".

Wie können konkrete Maker-Projekte in der Schule aussehen? Beschreibe ein idealtypisches Projekt.

Idealtypisch wäre: Es gibt eine Werkstatt, und den Freiraum, z. B. jeden Montagvormittag zwei Stunden, darüber nachzudenken, wie die Schule besser gestaltet werden könnte, ob es Ideen dazu gibt, Entwicklung von Prototypen, Präsentationen in der Schulöffentlichkeit, große Überraschung und Augen, was dabei herauskommt. Realistisch(er) ist, dass es schon eine ganz schöne Veränderung ist, wenn z. B. mit Hilfe von Smartphones und Schuhkartons Projektoren im Physikunterricht gebaut werden, anstatt nur Formeln und Prinzipien der Projektion zu referieren. Aber das ist immerhin ein Anfang!

Maker Education in der Schule

Insbesondere in Schulen, die strikten Abläufen folgen, kann Maker Education neue Perspektiven für Lernsettings, Arbeitsweisen und Methoden eröffnen. Einerseits können regelmäßige kleine und damit für sich stehende Projekte in den

Unterricht integriert werden. Andererseits ist es auch möglich, dass *Maker-Mindset, die charakteristische Haltung bzw. Einstellung hinter Making-Aktivitäten (siehe dazu Interview „Überzeugungsarbeit und Maker Mindset“, ab S. 54),* als generelle Basis zu nutzen und davon ausgehend mehr selbstbestimmtes Lernen und aktives Tun zu ermöglichen. Um Maker Education in den Unterricht einzubinden, braucht es zeitliche, räumliche und konzeptionelle Ressourcen, die zu Beginn teilweise auf Herausforderungen stoßen können (siehe Abb. 3). Zu diesen Herausforderungen gehören strikte und festgelegte Curricula, Stundenpläne, Strukturen und Kulturen, die oft wenig Platz für Zusätzliches oder Neues lassen, ebenso wie etablierte Hierarchie zwischen Lehrkräften und Lernenden, fehlende Räumlichkeiten oder die Öffnung von Schulen nach außen.

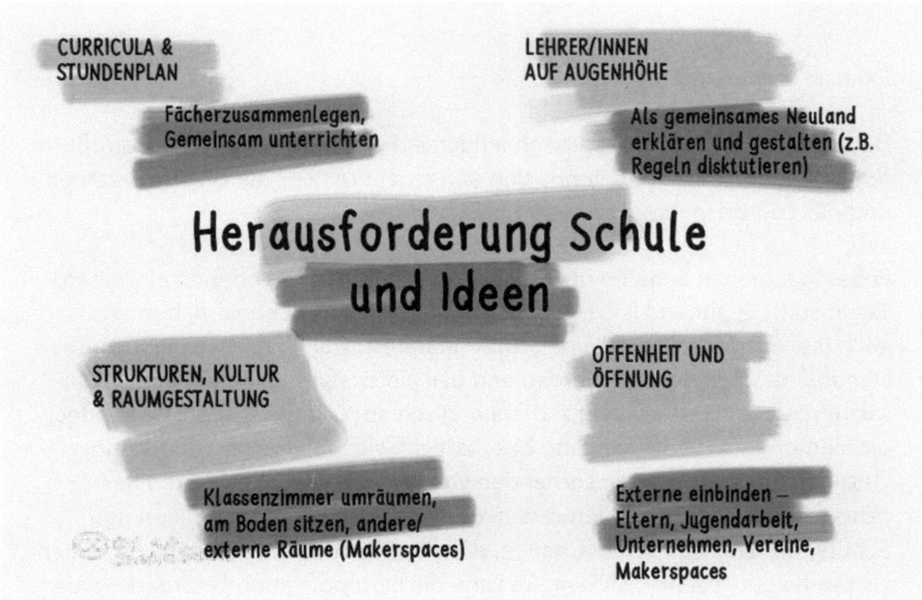

Abb. 3 Herausforderung Schule und Ideen

Klein anfangen und schrittweise vorgehen kann helfen, Making-Aktivitäten in den Schulalltag zu integrieren. Erste einzelne Schritte könnten (temporär) umgeräumte Klassenzimmer, die Zusammenlegung von Unterrichtsstunden und Fächern, die Einbindung von Externen oder eine partizipative Planung von kleinen und größeren Projekten sein. Perspektivisch sind auch Konzepte denkbar, die Maker Education im Kontext eines Ergänzungsfachs an der Schule implementieren. Ein größeres Vorhaben könnte die Entwicklung eines Makerspace, z. B. aus einem herkömmlichen Werkraum, sein und somit die Etablierung einer Werkstatt mit digitalen Fabrikationsmöglichkeiten an der Schule als weiterer Ort, an dem Lernen stattfindet – nutzbar für Projekte und Projektwochen oder ganzheitlich integriert in den Schulalltag.

Unabhängig von dem gewählten Format bieten Making-Aktivitäten viele Chancen und Potenziale für die Schule an sich und den Unterricht. Sie erfordern gleichzeitig eine sorgfältige Planung, die Verortung im Unterricht/Curriculum und die Unterstützung innerhalb (Mitarbeitende, Material und Räume) und außerhalb der Schule (Kollaborationen über Schulgrenze hinweg).

Für Lehrkräfte, die Making-Aktivitäten umsetzen möchten, gibt es verschiedene Weiter- und Fortbildungsmöglichkeiten, die speziell für Lehrkräfte gestaltet wurden und teilweise auch online zu finden sind. Ebenso gibt es zahlreiche Materialien online und in Printform, die Anregungen für Projekte geben, konkrete Anleitungen enthalten oder auch einfach als Inspiration dienen können (siehe dazu Kapitel 5 „Weiterführendes").

Exkurs: Lernen in Projekten

Da Making-Aktivitäten fast ausschließlich in Form von kleineren und größeren Projekten stattfinden, lohnt sich der genauere Blick auf die Projektarbeit und das Lernen in Projekten.

Projekte finden in Schulen oftmals in konkreten Wochen oder an einzelnen Tagen statt. Spannend ist zu sehen, inwiefern sich das Lernverhalten und auch die Vertrautheit mit dem Format verändert, wenn Projekte ein fester Bestandteil des Schulalltags werden und beispielsweise im Fachunterricht Einsatz finden. Projekte können z. B. thematisch am Lehrplan, interessen- oder problemorientiert ansetzen und beschäftigen sich mit einem Thema oder Gegenstand, dem sich die Lernenden von unterschiedlichen Seiten her nähern. Orientiert an den Interessen und Bedarfen der Schülerinnen und Schüler bieten Projekte die Chance, dass ihre Lerninhalte von den Lernenden als sinnhaft angesehen werden. So kann die Lernmotivation gefördert werden.

In Projekten geht es um die Auseinandersetzung mit eigenen Fragen, das Setzen eigener Ziele und die Planung und Selbststeuerung des Lernens. Altersabhängig werden eher verschiedene Lernwege vorgeschlagen, anstatt konkrete Aufgaben mit ausgewählten Fragestellungen vorzugeben. Partizipation, Mitgestaltung und Mitbestimmung, z. B. in der Wahl des Themas, in der konkreten Art der Auseinandersetzung oder der Entscheidung über die Aufbereitung der Ergebnisse, spielen eine entscheidende Rolle.

Lernen in Projekten ist, immer auch abhängig vom Entwicklungsstand des Kindes, oft ein eigenverantwortlicher Prozess. Projektarbeit muss dabei mit seinen Arbeitsweisen geübt werden, da sie von den Lernenden u. a. Eigenverantwortung, Selbstorganisation und Selbstständigkeit verlangt. Gerade, wenn das Arbeiten in Projekten erst eingeführt wird, kann es für Schülerinnen und

Schüler ungewohnt sein, da sie die Arbeitsweisen aus dem Unterricht so nicht kennen. Hier kann die Lehrkraft die Begleitung des Prozesses übernehmen und die Schülerinnen und Schüler unterstützen, notwendige Kompetenzen wie Projektplanung, Kooperation oder Reflexion zu stärken.

Prototypisch kann der Ablauf eines Projektes mit den folgenden Phasen beschrieben werden (vgl. Rosa, 2019). Dabei ist dies ein idealtypischer Prozess, der in der Praxis oftmals verwoben und individuell umgesetzt bzw. angepasst wird.

- **Initiierung:** Wie kommt es zu dem Projekt? Passt es in den Lehrplan? Gibt es ein (gesellschaftlich relevantes) aktuelles Thema, dem man sich widmen sollte? Welche Wünsche haben die Lernenden?
- **Einstieg:** Warum widmen wir uns dem Thema? Warum ist das wichtig für uns?
- **Planung:** Was sind die Interessen, die wir als Gruppe haben? Welche „Forschungsfrage“ haben wir?
- **Durchführung:** Hier bieten sich Schleifen im Arbeitsprozess an, um immer wieder Feedback einzuholen und Überarbeitungen zu ermöglichen.
- **Präsentation:** Es ist wichtig, Prozesse und Ergebnisse von allen Kindern sichtbar zu machen, zu würdigen und so Wertschätzung zu zeigen und Selbstwirksamkeitserfahrungen zu ermöglichen. Besonders ausführliche Produkte können z. B. bei einem Rundgang individuell begutachtet werden.
- **Auswertung/Reflexion:** Was haben wir erreicht? Sind unsere Fragen beantwortet?
- **Weiterführung:** Themen sollten nicht „einfach verpuffen“ sondern weitergeführt werden. Welche Anschlusspunkte gibt es, welche können durch die Lehrkraft geschaffen werden?

Methodisch-didaktische Gestaltung

Neben der inhaltlichen Auseinandersetzung mit Making und Maker Education ist es ebenso wichtig, sich über die methodisch-didaktische Gestaltung der Aktivitäten Gedanken zu machen. Besonders spannend ist hier die Betrachtung unterschiedlicher Settings aus verschiedenen Perspektiven (vgl. Schön, Ebner & Narr, o. J., ab S. 10):

- aus Perspektive der Interessen der Lernenden
- aus Perspektive des Lernens von und mit anderen
- aus Perspektive der Aufgabenstellung

Wird als methodische Variante das **Interesse der Lernenden** in den Fokus gestellt, ergeben sich verschiedene Herangehensweisen. Zum einen kann ein Makerspace für die Umsetzung eigener Projekte zur Verfügung stehen, das heißt, die Lernenden können sich frei im Makerspace bewegen und in ihrem Tempo arbeiten.

Denkbar ist auch die Teilnahme an (frei nach Interesse gewählten) Workshops, um Projekte oder Werkzeuge kennenzulernen. Eine selbstbestimmte, lernendenorientierte Arbeitsweise wird ebenso möglich durch Wahl einerseits von Themen, zu denen die Schülerinnen und Schüler arbeiten wollen, und andererseits von Werkzeugen, mit denen sie sich beschäftigen möchten. Gleichzeitig ist eine Möglichkeit, in Gruppenarbeiten Freiräume zu bieten, sodass sich jede und jeder mit ihren und seinen Interessen und Stärken einbringen kann und damit die eigene Rolle in Projekten wählt.

Werden Making-Aktivitäten unter dem Aspekt des **Lernens von und mit anderen** betrachtet, ergeben sich weitere methodisch-didaktische Möglichkeiten. Wenn Schülerinnen und Schüler von- und miteinander lernen, bedeutet dies gleichzeitig, dass die Lehrkräfte eine eher begleitende als eine anleitende Rolle einnehmen. Beim Peer-Lernen steht noch einmal mehr im Mittelpunkt, dass die Lernenden sich gegenseitig Dinge zeigen und anleiten. Erwachsene treten dabei in den Hintergrund. Häufig wird das kollaborative Arbeiten und der Austausch von Erfahrungen untereinander im Prozess fokussiert. Hierbei geht es auch darum, Ideen und Lösungsansätze der anderen zu berücksichtigen, „nachzumachen“ und weiterzuentwickeln. Besonders schön ist es, wenn Schülerinnen und Schüler eigene Lernmaterialien, wie z. B. Tutorials oder Ausstellungen, oder Lernangebote, wie z. B. Workshops, für Gleichaltrige erstellen und durchführen, um ihr eigenes Wissen besonders lebensweltnah weiterzugeben.

Des Weiteren kann die methodische Gestaltung von Making-Aktivitäten aus der Perspektive der **Aufgabenstellung** betrachtet werden. Hierbei sind verschiedene Varianten möglich, die die Schülerinnen und Schüler auf unterschiedliche Weise fordern.

Für Einsteigende ins Thema Maker Education und auch, um erste Projekte, Werkzeuge oder Arbeitsweisen kennenzulernen, eignen sich oft **anleitungsbasierte Aufgaben**. Hier bekommen die Schülerinnen und Schüler eine konkrete Anleitung, die sie befolgen und nachmachen, um ein bestimmtes Produkt zu erstellen.
- *Beispiel:* Baue einen leuchtenden Stiftehalter, indem du die Anleitung befolgst.

Etwas freier sind **auftragsorientierte Aufgaben**, die trotzdem eine konkrete Aufgabenstellung erhalten.
- *Beispiel:* Baut aus den vorhandenen Materialien ein Messgerät, das die Feuchtigkeit der Erde von den Zimmerpflanzen im Klassenraum misst und Bescheid gibt, wenn gegossen werden muss.

Problembasierte Aufgaben geben kein Ergebnis vor, sondern lassen Raum für vielfältige Lösungsansätze. Oft stehen gesellschaftliche Probleme im Fokus, für die in der gemeinsamen Auseinandersetzung Lösungen gefunden werden sollen.

- *Beispiel:* Entwerft eine Ausstellungs- und Präsentationsfläche für die Schule, die möglichst barrierearm zu erreichen und zu nutzen ist.

Für manche Schülerinnen und Schüler können **wettbewerbsorientierte Aufgaben** einen Anreiz für kreative Lösungen bieten.

- *Beispiel:* Baut aus Zeitungspapier einen möglichst hohen Turm, der ohne Unterstützung steht.

Möglich ist auch, Maker Education für interessenorientierte Freiarbeit zu nutzen und ganz **ohne Aufgabenstellung** zu arbeiten. Hier kann es auch erst einmal um das Ausprobieren, Explorieren und Kennenlernen von Materialien und Werkzeugen gehen.

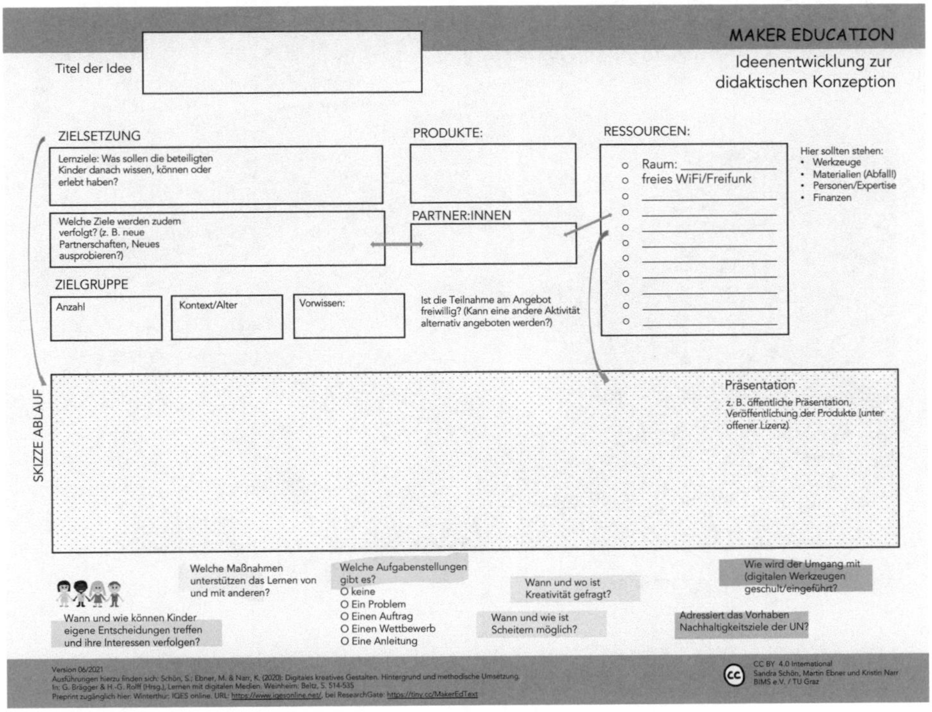

Abb. 4 Maker Education – Ideenentwicklung zur didaktischen Konzeption

Als Hilfestellung zur *methodisch-didaktischen Planung von Making-Aktivitäten* kann die hier abgebildete Vorlage (Abb. 4) dienen. Sie steht auch frei zum Download zur Verfügung unter: *zenodo.org/record/5005119*

Lupenthema: MINT-Bildung

Wenn bei Maker Education vom Selbermachen mit digitalen Werkzeugen, Medien und Technologien die Rede ist, liegt die Verknüpfung insbesondere zu den MINT-Fächern **M**athematik, **I**nformatik, **N**aturwissenschaften und **T**echnik nahe. Diese Verwandtschaft entsteht je nachdem, welcher Schwerpunkt in den Aktivitäten gesehen und gesetzt wird. Oft werden die MINT-Fächer im Vergleich zu anderen Fachrichtungen als schwer zugänglich und nicht selten als unbeliebt angesehen. Besonders für Mädchen kann der Zugang zu diesen Fächern schwierig sein. Allerdings zeigt sich, dass, wenn ein anderer, kreativer Zugang gewählt wird oder die MINT-bezogenen Aktivitäten mit anderen kombiniert werden, es für Lernende attraktiver wird, sich mit den Inhalten zu beschäftigen. Mit Making-Aktivitäten ist genau das möglich.

Abb. 5 **Minecraft-Programmierung**

Making-Aktivitäten können einen spielerischen, niedrigschwelligen und interessenorientierten Zugang zu den Inhalten und Themen der MINT-Fächer bieten. Digitale Werkzeuge und Tools können gezielt neben oder in Kombination mit analogen und haptischen Materialien genutzt werden, um so Berührungsängste und Hemmungen abzubauen. Im Folgenden wird beispielhaft beschrieben, welche Projekte, Ansätze oder Programme sich aus dem Maker-Bereich für die unterschiedlichen Fachbereiche anbieten.

- **Informatik:** Naheliegend sind hier jegliche Aktivitäten im Bereich Coding/Programmierung – für Kinder bieten sich beispielsweise Programme an, die Programmierung graphisch ermöglichen und damit sichtbar und leicht nachvollziehbar machen (wie z. B. Scratch oder Open Roberta Lab). Ebenso können kindgerecht steuerbare Roboter (wie z. B. Bee-Bots, Ozobots oder Dash) ein Zugang sein. Für ältere Kinder kann das Zusammenspiel von Hard- und Software mithilfe von programmierbaren Platinen (wie z. B. dem Raspberry Pi oder Calliope mini) geübt und ein Verständnis von Computern gefördert werden. Making-Aktivitäten bieten darüber hinaus die Möglichkeit, Themen wie Algorithmen auch ganz ohne Technik zu erforschen (z. B. durch sogenannte unplugged Methoden).
- **Mathematik:** Ein spielerischer Zugang zu Mathematik ist gut über die Themenfelder Konstruktion, Geometrie und Vorstellungsvermögen möglich. Durch das Erstellen von Prototypen oder die Arbeit mit Modellierungsprogrammen (wie z. B. Tinkercad, GeoGebra und Blender) kann sich so genähert werden.
- **Naturwissenschaften:** Gerade der physikalische Bereich wird oft durch Making-Aktivitäten gestreift. Viele Tüfteleien funktionieren mit Strom und bieten so die Möglichkeit, sich mit grundsätzlichen Gesetzen wie leitenden Materialien oder Stromkreisen zu beschäftigen. Durch einfach umsetzbare Projekte kann außerdem eine Annäherung an weitere Teilbereiche wie Mechanik, Optik und Wärmelehre umgesetzt werden. Ähnlich ist dies im Bereich der Chemie möglich, wenn Making-Aktivitäten einen experimentellen, handlungsorientierten Zugang zu Themen bieten, wie etwa das Züchten von Salzkristallen. Im Bereich der Biologie ist Biotinkering, das kreative und digitale Making bzw. Tüfteln mit Pflanzen, ein spannender Ansatz.
- **Technik:** Making-Aktivitäten ist der Umgang mit Hardware und die Bedienung von Technik oft inhärent. In der aktiven Nutzung von digitalen Werkzeugen, Computern und Medien passiert das Lernen darüber oft nebenbei und anwendungsorientiert. Der technische Bereich umfasst oft auch Teilgebiete aus den anderen Disziplinen, so setzen Making-Aktivitäten oftmals den Fokus auf die Lösung von (gesellschaftlichen) Problemen mithilfe von Technik.

3 Themen, Projekte, Werkzeuge

Making-Aktivitäten können im schulischen Kontext eingesetzt werden, um übergreifende Kompetenzen wie die Zusammenarbeit im Team und Kreativität in Problemlösungsprozessen zu stärken. Naheliegend ist der Einsatz von Making-Aktivitäten im Bereich der MINT-Fächer. Aber auch weitere Fächerbezüge sind aufgrund der Vielseitigkeit von Making-Aktivitäten gegeben.

Fächerbezüge

Making-Aktivitäten haben aufgrund ihrer Vielseitigkeit automatisch verschiedene Bezüge zu klassischen Unterrichtsfächern. Die offensichtlichste Verbindung zu den **MINT-Fächern** wurde bereits erläutert. Doch auch neben den MINT-Fächern lässt sich Making als kreativer Prozess an Unterrichtsfächer wie **Werken, Textiles Gestalten, Kunst, Musik, Politik, Sozialkunde** oder **Ethik** anbinden. Gerade die handlungsorientierte, handwerkliche Ausrichtung und die Möglichkeit, digitale Werkzeuge in einen Prozess zu integrieren, machen Making-Aktivitäten für viele Unterrichtsthemen spannend.

Im Werkunterricht bieten sich verschiedene Maker-Projekte vom Modellbaukasten über Holzarbeiten bis hin zu Textilarbeiten an. Im Kunstunterricht kann das gemeinsame kreative Gestalten und Modellieren durch Making-Projekte angeregt werden. Auch in Musik lassen sich digitale Werkzeuge einbinden und mithilfe dieser selbst Musik erzeugen.

Denkbar ist der Einsatz von Making-Aktivitäten auch in sämtlichen anderen Fächern. Durch den Einsatz von Programmierung und ähnlichen Technologien können beispielsweise Vokabeltrainer für den Fremdsprachenunterricht entwickelt werden. Werkzeuge wie beispielsweise ein 3D-Drucker können eingesetzt werden, um Anschauungsmaterial für Vorträge selbst zu erstellen oder (historische) Gebäude und Gegenstände haptisch erfahrbar zu machen.

Making kann darüber hinaus gesellschaftliche und gesellschaftspolitische Aspekte haben und damit Fächer ergänzen, die sich mit Themen wie Politik, Wirtschaft und Gesellschaft auseinandersetzen. In Making-Projekten können Schülerinnen und Schüler gemeinsam Konzepte entwickeln, mit denen sie die Welt verbessern. Hier kann der Versuch unternommen werden, auf niedrigschwelliger Ebene Lösungsansätze und Handlungsalternativen zu diskutieren und auszuarbeiten.

Making-Projekte mit gesellschaftspolitischen Themen lassen sich auch auf die **Schulgemeinschaft** beziehen, um etwa Lösungsansätze für schulinterne Probleme zu entwickeln, wie z. B. der Barriereabbau im Schulgebäude. Schülerinnen und Schüler beschäftigen sich mit der Frage, welche Barrieren das Schulgebäude für Menschen mit Einschränkungen derzeit aufweist und was getan werden kann, um die Situation zu verbessern. Dabei bietet es sich besonders an, die Perspektive von Personen mit Einschränkungen einzubinden, um von ihr zu lernen oder einen Einstieg über Challenges und Spiele zu wählen, um das Thema erfahrbarer zu machen, wie etwa: „Versuche einmal, im Rollstuhl die Bücher aus der Bibliothek im zweiten Stock zu holen. Auf welche Probleme stößt du?“ oder „Wo würdest du mit eingeschränkter Sicht am besten im Klassenzimmer sitzen?“. Durch das konkrete Nachvollziehen der Probleme können die Kinder viel konkreter Ideen austüfteln, die einander helfen. Im Mittelpunkt steht dabei immer das konkrete Tun, in dem die Kinder (für sich) einen Sinn sehen und dadurch verstehen, warum sie etwas tun.

Lupenthema: Interdisziplinarität und fächerverbindendes Lernen

Gerade interdisziplinäres und fächerverbindendes Lernen kann durch Making-Aktivitäten unterstützt und gefördert werden. Im Beispiel des Projektes „Barriereabbau im Schulgebäude“ könnte nun nach den theoretischen Überlegungen die Phase der Umsetzung folgen. Durch das Bauen von Rampen für Rollstuhlfahrende oder das Erstellen von Schildern in Braille-Schrift mit dem 3D-Drucker, die das Schulgebäude für blinde und seheingeschränkte Menschen zugänglich machen, werden Aspekte aus dem Werkunterricht eingebracht. Das Vermessen der Rampe, dem Neigungswinkel sowie der Modellbau bringen Aspekte aus dem Physik- und Mathematikunterricht ein. Das Projekt könnte durch eine textliche oder bildliche Dokumentation begleitet werden und würde somit Aspekte aus dem Deutschunterricht einbeziehen. Damit werden fünf unterschiedliche, klassische Unterrichtsfächer miteinander verzahnt. Schülerinnen und Schüler lernen hier vor allem durch die Praxis und durch Ausprobieren. Wichtige Lehrplaninhalte können automatisch einfließen.

Interdisziplinäres und fächerverbindendes Lernen ist als Ansatz an vielen Schulen integriert. Auch in einer Projektwoche wird die Fächerstruktur und der statische Stundenplan aufgebrochen und ein Thema fächerverbindend näher beleuchtet. Exkursionen und Studienfahrten bereichern das Lernen durch die Möglichkeit, den Lerninhalt direkt anzusehen, sich mit Themen intensiv auseinanderzusetzen, Expertinnen und Experten zu befragen oder Dinge haptisch zu begreifen.

Interdisziplinär und fächerverbindend zu unterrichten bedeutet, Prozesse und Themen in ihrer Gesamtheit zu betrachten. Auf diese Art können die verschiedenen Disziplinen herangezogen werden, um komplexe Zusammenhänge sichtbar zu machen.

Große Themen wie beispielsweise Globalisierung können so aus unterschiedlichen Blickwinkeln betrachtet werden. Schülerinnen und Schüler haben die Möglichkeit, sich mit wirtschaftlichen, religiösen und politischen Zusammenhängen der Globalisierung zu beschäftigen. Themen wie interkulturelle Kommunikation können beleuchtet und Fragestellungen zu Popkultur und internationalen kulturellen Einflüssen interdisziplinär besprochen werden. Kreativität kann in das Projekt einfließen, indem die Schülerinnen und Schüler ihre Erkenntnisse medial ausarbeiten und für andere begreifbar machen. Bei der Zusammenarbeit werden Teamfähigkeit, Kooperation und das Lernen von- und miteinander gestärkt.

Das Denken in Zusammenhängen, kreatives Problemlösen und Methodenkompetenz, aber auch das selbstorganisierte und selbstbestimmte Lernen sind zukunftsgerichtete Schlüsselkompetenzen. In der Herangehensweise an den Inhalt wird den Schülerinnen und Schülern viel Freiheit gelassen, um ihre eigenen Ideen und Kreativität zu fördern und ihnen Selbstwirksamkeitserfahrungen zu ermöglichen. Dies stärkt auch ihre intrinsische Motivation zum Lernen.

Lehrkräfte wiederum haben durch fächerverbindendes, projektorientiertes Lernen den Vorteil, die Schülerinnen und Schüler punktuell in ihren Vorhaben zu unterstützen, anstatt einer ganzen Klasse auf einmal ein komplexes Thema, begrenzt durch die fachspezifische Ausrichtung, zu vermitteln. Methoden können individuell an die Lernenden angepasst werden. Die Lehrkraft wird von der frontal vortragenden Person zur unterstützenden und strukturgebenden Instanz, an die sich Schülerinnen und Schüler mit konkreten Fragen und Bedürfnissen wenden können.

Struktur ist hierbei ein Schlüsselbegriff. Schülerinnen und Schüler können die Freiheit, die ihnen das fächerverbindende Lernen gibt, nur dann erfolgreich für sich nutzen, wenn ihnen die nötige Struktur an die Hand gegeben wird, um sich selbst zu organisieren. Der projekthafte Charakter von Maker Education eignet sich hier ideal. Die Struktur wird durch die typischen Projektphasen, durch die zur Verfügung stehenden Werkzeuge und Technologien und durch die Unterstützung von Menschen mit Expertise und handwerklichen Fähigkeiten gegeben und ermöglicht innerhalb dessen Raum zur freien Entfaltung.

Film, Foto, Audio

Mit Making-Projekten in den Bereichen Film, Foto und Audio können Schülerinnen und Schüler aktiv zu Produzentinnen und Produzenten der Medien werden, die sie aus ihrem eigenen Alltag kennen. Selbermachen, selbst entwerfen, selbst konzipieren, sogar selbst schneiden. Schülerinnen und Schüler schlüpfen in die Rolle derer, die hinter den Kulissen stehen und lernen so die Hintergründe und Produktionsbedingungen kennen, die es braucht, um selbst einen Film, ein Hörspiel oder eine Fotostory zu entwerfen.

Im Bereich Film, Foto und Audio können sehr verschiedene Making-Projekte mit medienpädagogischem Fokus durchgeführt werden. Die Schülerinnen und Schüler können beispielsweise mit einer der Apps *GarageBand, Audacity* oder *WalkBand* selbst einen Podcast oder Jingle produzieren, mit der App *Comic Life 3* ein Comic oder Poster gestalten, mit Aufnahmegeräten ein Geräusche-Quiz für andere Schülerinnen und Schüler erstellen, die Greenscreen-Technik für die Produktion ihrer eigenen Postkarten nutzen oder ein Daumenkino basteln und dieses dann z. B. mithilfe der *Stop-Motion-Studio*-App und Spielfiguren als Trickfilm digitalisieren. Je nachdem, welche zeitlichen und technischen Kapazitäten für das Projekt zur Verfügung stehen, können Schülerinnen und Schüler eine Vielzahl verschiedener medialer Produkte selbst erstellen und damit ihre eigenen Themen medial abbilden.

Schülerinnen und Schüler werden von der konsumierenden zur produzierenden Person und entwickeln dabei ihre eigene Medienkompetenz weiter. Selbermachen heißt, Hintergründe zu verstehen und mediale Produkte und Mediensysteme dadurch auch besser hinterfragen und kritisch betrachten zu können. Fotos können bearbeitet und manipuliert werden, Videos leben von verschiedenen Einstellungen und Schnitten und mit einfachen Mitteln lassen sich ganz unterschiedliche Geräusche herstellen. All das können Schülerinnen und Schüler durch das selbstständige Ausprobieren und Anwenden lernen.

Gleichzeitig lernen sie, die Technik zu bedienen. Sie lernen sowohl mit der Hard- als auch mit der Software umzugehen, kennen verschiedene Technologien und Werkzeuge sowie Apps und Anwendungen. Sie lernen, welche Mittel ihnen zur Verfügung stehen, um Emotionen beim Publikum zu erzeugen und sie beschäftigen sich mit Regeln der Bildkomposition und Bildgestaltung. Auch Aspekte wie das Schreiben einer Geschichte oder die Erstellung eines Storyboards können thematisiert werden. Genauso können Technologien wie Künstliche Intelligenz zur Generierung oder Bearbeitung von Bild- und Videoinhalten berücksichtigt werden.

Weitere Aspekte, die in der digital geprägten Gesellschaft mit sozialen Plattformen wie z. B. *Instagram, TikTok* und *Snapchat* eine wesentliche Bedeutung haben, sind Persönlichkeits- und Urheberrechte. Mit diesen setzen sich die Schülerinnen und

Schüler in Making-Projekten rund um Film, Foto und Audio automatisch auch auseinander. Beispielsweise wenn sie die Einwilligung derer einholen müssen, die aufgenommen werden sollen oder wenn sie sich Fragen zur Veröffentlichung ihrer Produkte stellen müssen. Sie verstehen, dass diese rechtlichen Fragen nicht nur fremde Produktionen und Inhalte betreffen, sondern genauso für selbst erstellte Inhalte gelten, sobald diese veröffentlicht werden. Making-Projekte im Bereich Film, Foto und Audio ermöglichen eine projektbezogene Auseinandersetzung mit diesen Themen.

Darüber hinaus bieten sie Schülerinnen und Schülern die Möglichkeit, sich in einem geschützten Raum mit ihren Themen auseinanderzusetzen und ihre Themen medial abzubilden. Die Lehrkraft begleitet die Projekte, aber die Themen werden von den Schülerinnen und Schülern selbst erarbeitet und in Szene gesetzt. So machen sie die Erfahrung, dass ihre Ansichten und Meinungen ebenso relevant sind wie die von Erwachsenen, dass man ihnen Beachtung schenkt und ihnen zuhört. Making-Aktivitäten können das Selbstbewusstsein und die Selbstwirksamkeit der Schülerinnen und Schüler stärken und sie für zukünftige Projekte darin bestärken, ihre eigene Stimme einzubringen und sich Gehör zu verschaffen.

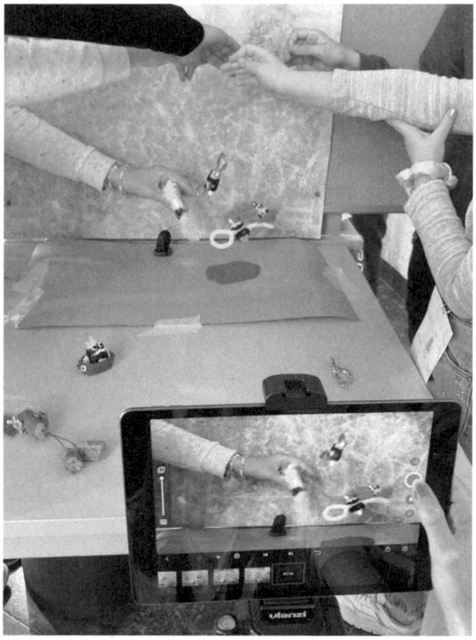

Abb. 6 **Trickfilm**

Making-Aktivitäten im Bereich Film, Foto und Audio können sehr vielseitig sein. Sie können je nach Zielgruppe, zeitlichen Kapazitäten und technischen Ressourcen sowohl ein niedrigschwelliger Einstieg in die Arbeit mit digitalen Medien sein als auch als langfristige, handwerklich anspruchsvolle Projekte gestaltet werden. Viele Making-Projekte im Bereich Film, Foto und Audio können schon mit einfacher Technik umgesetzt werden und setzen nicht die Anschaffung teurer Technik voraus. Bei Making-Projekten geht es auch immer darum, zu schauen, welche Materialien und Ressourcen sowieso schon zur Verfügung stehen und diese zu nutzen. Wichtiger als die hochwertige Technik ist ein durchdachtes Konzept.

Projektidee Hörspiel

Schülerinnen und Schüler entscheiden sich, eine selbst geschriebene Fabel als Hörspiel zu vertonen. Mithilfe z. B. der App *GarageBand* (kompatibel für iOS) oder *Walkband* (kompatibel für Android) erstellen sie die Hintergrundmusik. Sie sprechen die Fabel ein und entwickeln selbst Ideen, das Hörspiel mit Umgebungsgeräuschen und Soundeffekten zu untermalen. Dafür finden sie durch Recherche und Ausprobieren Möglichkeiten, Geräusche künstlich mithilfe verschiedener Materialien zu erzeugen. Mit einer Anwendung wie z. B. *Canva* oder *Sketchbook* erstellt ein Schüler zusätzlich ein Thumbnail, ein Vorschaubild, das während des Abspielens des Hörspiels angezeigt wird.

Basteln, Tüfteln und Konstruieren mit verschiedenen Materialien

Making-Aktivitäten müssen nicht immer digital sein. Making kann auch bedeuten, sich mit verschiedenen Materialien auseinanderzusetzen, zu gestalten und zu tüfteln. Es kann ein guter Einstieg in die offenen, freien und projektorientierten Arbeitsweisen sein. Schülerinnen und Schüler können durch Basteln und Konstruieren mit analogen Materialien erste Erfahrungen sammeln, selbstständig, neugierig und vor dem Hintergrund einer neuen Fehlerkultur zu arbeiten. Gleichzeitig erfolgt eine niedrigschwellige Annäherung an analoge, traditionelle Werkzeuge und Handwerk.

Abb. 7 **Basteln**

Basteln und Tüfteln kann ein guter Weg sein, Kinder und Jugendliche, die selbst noch wenig Erfahrungen mit Making-Aktivtäten haben, für kreative Projekte und Prozesse dieser Art zu begeistern. Manchen helfen niedrigschwellige Projekte wie das Arbeiten mit Schere, Kleber und Papier, um sich an das selbstgesteuerte Arbeiten ohne konkrete Aufgabenstellung zu gewöhnen. Hier können sie außerdem die Erfahrung machen, dass es für Making-Projekte nicht unbedingt besonderes Vorwissen braucht.

Außerdem können auch traditionelle, analoge Werkzeuge für Schülerinnen und Schüler eine neue Erfahrung darstellen. Nicht jede und jeder hat schon einmal mit einem Hammer Nägel in Holz geschlagen oder an einer Nähmaschine gesessen. Die Erfahrung zeigt, dass auch diese Aktivitäten große Erfolgserlebnisse bei Kindern auslösen können. Z. B. wenn sie merken, dass auch sie aus mehreren Brettern und ein paar Nägeln einen Hocker bauen oder mit ein wenig Stoff, Garn und einem Reißverschluss eine Federmappe nähen können.

Beim Basteln und Tüfteln kann im Grunde jedes denkbare Material eingesetzt werden. Papier, Bausteine, Naturmaterialien wie Steine, Holz oder Sand, Knete, Metall, Textilien oder Reste und Dinge, die „eigentlich nicht mehr zu gebrauchen sind“. Die Vielfalt an Materialien und möglichen Projekten lässt viel Raum für Kreativität und individuelle Gestaltung. Sich dem Material anzunähern und sich eine Möglichkeit zu überlegen, es einzusetzen, regt ein völlig neues Denken an. Vor allem dann, wenn nicht klar ist, wie das Endprodukt auszusehen hat und ob es überhaupt ein Endprodukt geben wird. Auch grob- und feinmotorische Fähigkeiten werden hier durch den Umgang mit verschiedenen Materialien und Werkzeugen trainiert.

Projektideen im Internet

Wer sich für die Vielfalt an möglichen Making-Projekten im Bereich Basteln, Tüfteln und Konstruieren interessiert, findet z. B. auf der Seite *makerstars.org* unter der Rubrik „Ohne Strom“ verschiedene frei lizenzierte und niedrigschwellig erklärte Projektideen zum Nachmachen. Diese Projekte regen vor allem das kreative Denken an, denn hier werden Challenges gestellt, in denen Schülerinnen und Schüler selbst Brücken bauen, Papier zu starken Konstruktionen falten und den Sinn und Zweck eines Stuhls ganz neu erfinden sollen.

Bastel- und Tüftelprojekte bieten darüber hinaus die Möglichkeit, Kinder auf Projekte vorzubereiten, die Analoges und Digitales miteinander verbinden. In Making-Projekten werden oft verschiedene, traditionelle Gewerke und Technologien zusammengedacht. Aus einem textilen Armband wird mithilfe einer LED, etwas leitendem Garn und einer Knopfzellenbatterie ein leuchtendes Armband. Um dieses erfolgreich nähen zu können, beschäftigen sich die Schülerinnen und Schüler automatisch mit dem Nähen als Handwerk.

Im Zusammenhang mit Making-Aktivitäten im Bereich des Bastelns, Tüftelns und Konstruierens spielen unter anderem Recycling- und Upcycling-Projekte eine große Rolle. Ein Prinzip von Making-Aktivitäten ist es, bewusst und möglichst nachhaltig mit Materialien und Ressourcen umzugehen, Dinge zu reparieren und Altem einen neuen Sinn zu geben. Im Recycling bzw. Upcycling finden Gegenstände ein zweites Leben und Müll kann wieder zu einem wertvollen Teil eines neuen Ganzen werden. Wenn z. B. aus ungeliebten T-Shirts eine Patchworkdecke wird, lernen Kinder, Unbrauchbares wertzuschätzen und die Wegwerfgesellschaft, in der sie aufwachsen, zu hinterfragen. Das Thema Nachhaltigkeit und Umwelt kann außerdem sowohl inhaltlich als auch praktisch aufgegriffen werden, wenn sich Schülerinnen und Schüler anschauen, welche Technik und welche Materialien in einem alten Handy oder ähnlichen technischen Geräten stecken, die ohne große Mühe auseinandergeschraubt werden können. Sie können sich hier inhaltlich mit der Frage beschäftigen, wo diese Technik überhaupt herkommt und welche ethischen Fragen sich im Zusammenhang mit dem Thema Rohstoffe und seltene Erden gestellt werden müssen.

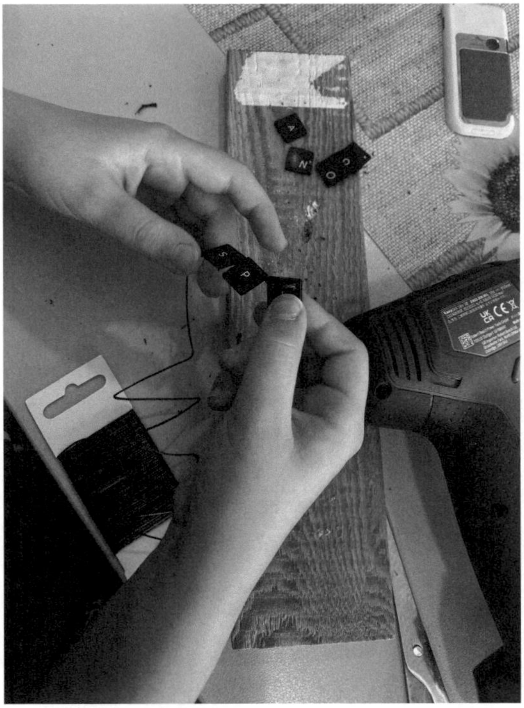

Abb. 8 **Upcycling-Schmuck**

Projektidee Schrottroboter

Making-Projekte eignen sich wunderbar, um Themen miteinander zu verzahnen und fächerverbindend zu arbeiten. Ein mögliches Projekt mit dem Fokus auf Nachhaltigkeit ist das Konstruieren eines Roboters, der aus Resten, Schrott, verschiedenen Metallteilen, Widerständen, Platinen o. Ä. besteht. Kinder haben in diesem Projekt zum einen die Möglichkeit, sich inhaltlich mit ethischen Fragestellungen zu Müll und Rohstoffen auseinanderzusetzen und können dem unbrauchbaren Schrott zum anderen in ihren kreativen Gestaltungen ein neues Leben geben. Schrottroboter sind außerdem ein großartiges Projekt für eben jene Materialien, die seit Jahren im Schrank liegen, weil „es zu schade ist, sie wegzuwerfen". Bei Schrottrobotern geht es darum, aus alten Teilen einen Roboter zu bauen und diesen dann als Möglichkeit und Weiterführung noch weiter zu gestalten, wie etwa durch leuchtende LEDs oder sich bewegende Körperteile.

Eine anschauliche Anleitung zur Herstellung von z. B. eines „Schrottskorpions" finden Sie unter: *makerstars.org/2022/01/17/sei-schrottreif-coole-erfindungen-aus-abfall/*

Tüfteln mit Strom

Making-Projekte mit Strom können ein niedrigschwelliger Einstieg in die Funktionsweise von Stromkreisen sein. Stromkreise werden spätestens im Physikunterricht eine Rolle spielen, sind jedoch auch im Alltag überall zu finden. Making-Aktivitäten sind eine Möglichkeit, greifbar zu machen, wie Stromkreise funktionieren. Kinder lernen, dass Strom eine Fließrichtung hat, dass es relevant ist, wie einzelne elektronische Elemente aneinandergebaut werden und sie lernen, das Unterbrechen des Stromkreises als Schalter zu nutzen.

Für Bastel- und Tüftelprojekte mit Strom gibt es einige oft genutzte Elemente, die analoge Produkte erweitern und spannender machen können. Oftmals werden kleine farbige LEDs eingesetzt, die mithilfe einer Knopfzellenbatterie zum Leuchten gebracht werden. Eine Figur aus Knete bekommt leuchtende Augen, oder eine selbstgenähte Mütze bekommt eine Lampe, die das Fahrradfahren bei Nacht sicherer macht.

Wenn die LED die Knopfzellenbatterie nicht direkt berühren kann, gibt es einige Materialien, die als leitender Übergang zwischen zwei Elementen genutzt werden können. Im Textilbereich kann leitendes Garn eingesetzt werden, das in Verbindung mit dem leitenden Teil der LED und der Knopfzellenbatterie einen Stromkreis schließt. Ist der metallene Druckknopf beispielsweise eines Armbandes geschlossen, fließt der Strom und die LED leuchtet.

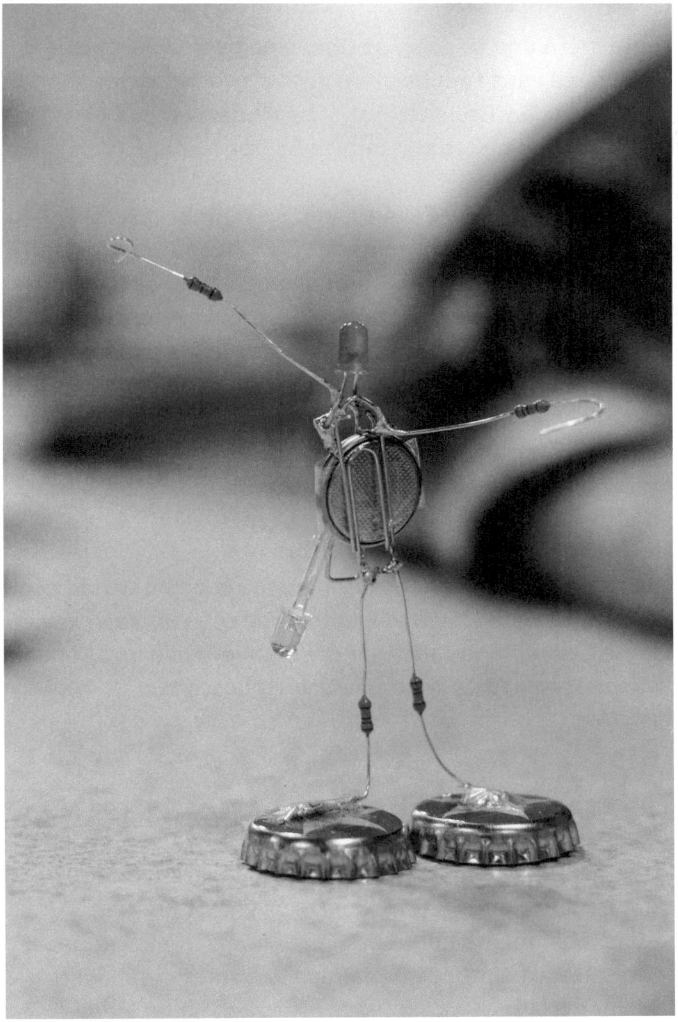

Abb. 9 **Tüfteln**

Kupferklebeband oder Kupferdraht sind ebenfalls eine Lösung, um mit leitendem Material eine Distanz zu überbrücken. Mit Klebeband kann zum Beispiel eine leuchtende Postkarte gebastelt werden, deren Licht angeht, wenn die Karte geschlossen ist und das Kupferklebeband die Knopfzellenbatterie berührt. Eine weitere spannende Alternative ist z. B. die leitende Knete *Play-Doh*. In verschiedenen Farben können kleine Figuren entstehen, die leuchtende Teile besitzen.

Auch kleine Vibrationsmotoren (wie sie z. B. in Smartphones zu finden sind) werden oft in Making-Projekten eingesetzt. Diese Motoren vibrieren bei Stromzufuhr, wodurch sie beispielsweise kleinen gelöteten Käfern als Bewegungsmotor dienen können. Die Vibration des Motors bringt die zarten, zuvor aneinander gelöteten

Drahtbeine des Käfers zum Zittern und lässt ihn so über eine glatte Oberfläche huschen. Auch Malroboter können aus Pappbechern gebaut werden, an denen Stifte befestigt sind, deren Spitze den Tisch berührt. Vibriert der Motor, bewegt sich der Roboter über den Tisch und hinterlässt farbige Spuren.

Digitales Tüfteln kann mit dem Laptop oder PC erfolgen. So kann beispielsweise die kleine, kindgerechte Platine *Makey Makey* mithilfe von Krokodilklemmen mit beliebigen stromleitenden Objekten verbunden werden und so über ein USB-Kabel einfache Funktionen am Laptop oder PC steuern. Das *Makey Makey* übernimmt damit z. B. Steuerelemente wie die Leertaste oder die Pfeiltasten auf der Tastatur. Über die Krokodilklemmen können die einzelnen Elemente des *Makey Makey* mit verschiedenen Objekten und Materialien verbunden werden, um deren Leitfähigkeit zu prüfen. So können beispielsweise aus leitender Knete Klaviertasten werden, die den Laptop dazu bringen, einen Ton abzuspielen, sobald man sie berührt.

Tüftelarbeiten mit Strom sind oft geprägt vom Ausprobieren, „Scheitern“ und noch einmal neu Probieren, denn oft ist neben dem Verstehen, wie es geht, auch Feinmotorik gefragt. Hier sind die Geduld und Ausdauer der Schülerinnen und Schüler gefragt, die am Projekt dranbleiben und es kontinuierlich verbessern.

Projektidee LED-Taschenlampe

Ein niedrigschwelliges Projekt für den Einstieg auch mit jüngeren Kindern in das Tüfteln mit Strom ist die LED-Taschenlampe. Aus einem Eisstiel, einer metallenen Foldbackklammer, einer LED, einer Knopfzellenbatterie und etwas Kupferklebeband wird eine Taschenlampe gebaut, deren Licht ausgeht, wenn die Klammer geöffnet wird. Eine Möglichkeit ist es, den Schülerinnen und Schülern die Sammlung an benötigten Material zu geben und sie erst einmal selbst ausprobieren zu lassen – Was muss ich tun, damit die LED leuchtet? Wie bringe ich sie mit der Batterie zusammen? Wenn die LED-Taschenlampe als Einstieg in das Thema Stromkreise genutzt werden soll, ist es auch möglich, die Schülerinnen und Schüler die Taschenlampe mithilfe einer Anleitung bauen zu lassen und dann mit ihnen darüber zu reden, warum die Lampe ausgeht, sobald der Stromkreis geöffnet wird.

Eine genaue Anleitung für diese Projektidee finden Sie auch unter: *tuduu.org/projekt/taschenlampe*

Abb. 10 **LED-Taschenlampe**

Eine schöne Ergänzung des Projektes ist das Malen mit Licht, indem Fotos im Dunkeln mit einer Langzeitbelichtung aufgenommen werden. Die Schülerinnen und Schüler zeichnen dafür mit ihren farbigen LED-Taschenlampen Bilder in die Luft.

Dreidimensionalität und virtuelle Realitäten

Dreidimensionalität kann auf viele verschiedene Arten thematisiert werden. Die naheliegendste Technologie ist wohl, mithilfe eines 3D-Druckers zuvor selbst modellierte Objekte zu drucken und damit anfassbar zu machen. Making-Projekte im Bereich Dreidimensionalität fördern Kinder und Jugendliche im räumlichen und logischen Denken. Wenn sie selbst ihre eigenen Figuren gestalten, müssen sie in der Lage sein, alle Winkel des Objektes mitzudenken und zu modellieren. Die abstrakte Denkfähigkeit der Schülerinnen und Schüler wird hier gestärkt, nebenbei sprechen Making-Projekte, die sich mit Dreidimensionalität auseinandersetzen, aber auch kreative und gestalterische Fähigkeiten an.

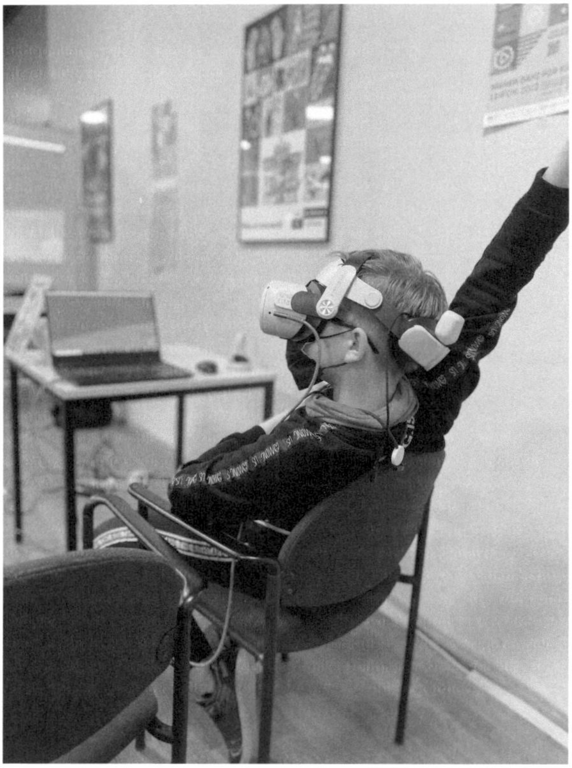

Abb. 11 **Virtual Reality**

Kinder bauen eigene Objekte in 3D und begreifen sie so in ihrer Ganzheit. Sie erfahren, dass Dinge Raum einnehmen und lernen, Größen einzuschätzen. Ebenfalls spannend ist der Prozess, weil ein Objekt zunächst in digitaler Form bearbeitet, dann aber erst nach dem Druck haptisch begreifbar wird. Es wird ersichtlich, ob die Vorüberlegungen zu Statik, Stabilität und Sinnhaftigkeit des Objektes erfolgreich waren oder an welchen Stellen nachjustiert werden muss. Beispielsweise können mit dem kostenlosen Programm *Tinkercad* Objekte zunächst in einer virtuellen Umgebung modelliert und dann mithilfe des 3D-Druckers gedruckt werden. Die Plattform *thingiverse.com* kann genutzt werden, um Projekte in der Community untereinander auszutauschen. Analog können als Einstieg z. B. dreidimensionale Modelle aus Streichhölzern und Kichererbsen als Verbindungselement erstellt werden. Diese Methode eignet sich auch für sehr junge Kinder. Ebenso sind z. B. die *WILMA Tüftelbausteine* (*erfinderbaukasten.wilmaonline.net*) eine Möglichkeit für die Gestaltung von Prototypen und das Üben im Bereich konstruieren.

Aber auch andere Projekte sind denkbar, um Schülerinnen und Schülern Dreidimensionalität näherzubringen. Als Einstiegsprojekt kann auf sehr simple Weise mit etwas starker Folie und ein wenig Klebeband ein vierseitiger Hologramm-Projektor gebastelt werden, der geeignete 2D-Videos von einem Smartphone in 3D erlebbar macht (*gmk-m-team.de*, Suchbegriff: 3D Smartphone Hologramm). Dies könnte ein wunderbarer Einstieg in weitere 3D-Projekte sein, um die Schülerinnen und Schüler auf das dreidimensionale Denken einzustimmen.

Augmented Reality (kurz AR) findet mittlerweile immer mehr Anwendung. Die Realität wird mithilfe eines technischen Geräts wie dem Tablet durch virtuelle Elemente erweitert, daher auch der Begriff Augmented Reality – „erweiterte Realität“. Auch Schülerinnen und Schüler können mit Apps wie z. B. *AR Makr* und *Quiver* eigene AR-Inhalte und Kunstwerke erstellen. Auf Papier gezeichnet und mit dem Tablet abfotografiert, können beispielsweise Tiere durchs Klassenzimmer laufen.

Virtual Reality (kurz VR) geht noch einen Schritt weiter, indem die Realität ganz durch virtuelle Elemente ersetzt wird. Mit einer VR-Brille können Schülerinnen und Schüler in eine virtuelle Umgebung eintauchen, sich in ihr bewegen und sie erkunden. Noch spannender ist es jedoch, die eigenen Kreationen zum Leben zu erwecken und sich in einem selbstgemalten Bild bewegen zu können. Mit dem Angebot von *panoform.com* kann auf Papier ein Bild gezeichnet werden, das dann wiederum mit dem Smartphone fotografiert und in Virtual Reality abgebildet wird. Das Projekt lässt sich wunderbar ergänzen durch das Bauen einer eigenen Cardboard-Brille aus Pappe, in die das Smartphone hineingesetzt und somit vor die Augen gehalten werden kann. Für diejenigen, die noch einen Schritt weiter gehen möchten, gibt es komplexe Programme wie z. B. *Mozilla Spoke*. Ein Einstieg kann auch das beliebte Spiel *Minecraft* sein, das es ermöglicht, eigene Modelle, z. B. von Gebäuden, zu erstellen. Auf diese Weise können Kinder und Jugendliche in einer ihnen vertrauten Umgebung lernen, wie Online-Spiele auch gestalterisch genutzt werden können.

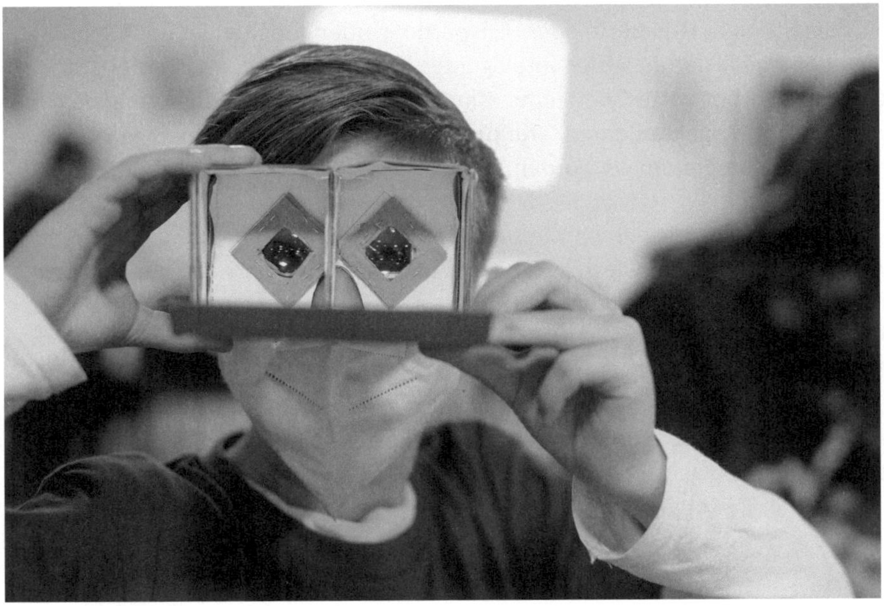

Abb. 12 **Selbstgebaute VR-Brille**

Projektidee Modellierung von 3D-Objekten

Beispielsweise kann die kostenlose Software *Tinkercad* genutzt werden, um Objekte in einer virtuellen Umgebung zu modellieren und sie dann direkt über den 3D-Drucker auszudrucken. Lehrkräfte können über ihren Account ein Klassenzimmer erstellen, dem Schülerinnen und Schüler ohne Anmeldung beitreten können. 3D-Objekte können entweder aus einem Angebot an bereits vorbereiteten Objekten modelliert oder selbst gestaltet werden. Die Software bietet die Möglichkeit, das Objekt von allen Seiten zu betrachten und es den eigenen Ansprüchen entsprechend zu bearbeiten. Projekte werden automatisch gespeichert, aber nicht veröffentlicht. Die entstandenen Figuren aus dem 3D-Drucker können beispielsweise direkt als Protagonistinnen und Protagonisten für einen selbstgemachten Stop-Motion-Trickfilm agieren, für die Visualisierung von Inhalten der Geometrie im Mathematikunterricht oder als Ergänzung des Klassenzimmers (wie etwa als Klassenkasse oder Blumentopf) genutzt werden.

Roboter und Programmieren

Making-Projekte im Bereich Robotik und Programmierung unterstützen Kinder, die digital geprägte Welt, in der sie leben, besser zu verstehen und Technologien zu hinterfragen. Es gibt bereits sehr niedrigschwellige Making-Projekte, in denen Kinder über einfache Programmierübungen lernen, wie Code funktioniert. Auch wer in der Zukunft nicht IT-Experte oder IT-Expertin werden möchte, ist dennoch täglich Teil der digitalisierten Welt – intelligentes Wohnen, Sprachassistenten, Staubsaugerroboter, KI-basierte Chaträume. Kinder lernen durch das Selbermachen von Code in Making-Projekten deren Grundfunktionsweise und, dass all diese Dinge von Menschen programmiert wurden.

Schon junge Kinder können im Kindergarten und in der Grundschule mit niedrigschwelligen Robotern wie z. B. *Ozobots* und *Bee-Bots* erste Regeln für Algorithmen und das Geben von Befehlen lernen. Sie steuern selbst einen kleinen *Ozobot*, indem sie eine bestimmte Abfolge von farbigen Strichen auf ein Blatt Papier zeichnen oder sie geben dem *Bee-Bot* mithilfe von Pfeiltasten Bewegungsanweisungen, die entscheiden, in welche Richtung er als nächstes fahren wird. Der Roboter *mBot* funktioniert mit Blockprogrammierung über eine App, indem ihm eine Anweisung in Form einer Abfolge von Befehlen gegeben werden, um ihn in Bewegung zu bringen.

Abb. 13 **Roboter programmieren**

Beispielsweise kann die niedrigschwellige App *Scratch Jr.* Kinder dabei unterstützen, sich dem Thema Programmierung mithilfe von vereinfachten, visualisierten Blöcken anzunähern. Mithilfe farbig gruppierter Befehle geben Schülerinnen und Schüler einer Figur Bewegungs- und Handlungsanweisungen. Am Ende haben sie selbst eine Szene programmiert, in der jede Figur genau das macht, was sie programmiert haben. Aufbauend auf *Scratch Jr.* gibt es u. a. auch die Browservariante *Scratch*, mit mehr Möglichkeiten, die Charaktere zu bewegen und zu kontrollieren. Sogar kleine Spiele können mit der Anwendung programmiert werden.

Mit kleinen Computerplatinen wie z. B. dem *Calliope mini*, dem *BBC micro:bit* oder dem *Arduino* können Schülerinnen und Schüler selbst Programme für einen Computer erstellen. Sie können die Platinen wie Schrittzähler, Bewegungsmelder, Kompasse und vieles mehr ebenfalls mithilfe einer Blockprogrammiersprache einsetzen. Umfangreichere Projekte, wie beispielsweise aus dem *Calliope mini* und dem zugehörigen *Boson-Set* einen Feuchtigkeitssensor in einem Bewässerungssystem für die Pflanzen im Klassenzimmer zu programmieren, ermöglichen einen Einstieg in das Thema *Internet der Dinge*. Schülerinnen und Schüler lernen, Programmierung einzusetzen, um alltägliche Probleme anzugehen und zu lösen.

Abb. 14 **Calliope mini**

Projektidee Lärmampel

Beispielsweise kann der Lautstärkesensor des *Calliope mini* genutzt werden, um den Geräuschpegel im Klassenzimmer zu messen und dann Alarm zu schlagen, wenn dieser einen zu hohen Wert erreicht. Gibt es in der Klasse oft Beschwerden, weil es zu laut ist, ist dies ein ideales Making-Projekt für interessierte Tüftlerinnen und Tüftler. In der Programmierumgebung von z. B. *Open Roberta* unter *lab.open-roberta.org* oder *MakeCode* unter *makecode.calliope.cc* kann das Programm erstellt und dann mithilfe des Kabels auf den *Calliope mini* gezogen werden. Ziel ist, dass der *Calliope mini* immer dann ein Warnsignal von sich gibt, wenn der Lautstärkesensor eine bestimmte Lautstärke misst. Optional kann dem *Calliope mini* noch ein optisch ansprechendes Gehäuse gebastelt oder ein kleines Regal gebaut werden, um ihn gut sichtbar für alle Schülerinnen und Schüler an der Wand zu positionieren.

Eine Anleitung für die Projektidee von der Tüftelakademie gibt es unter: *tueftelakademie.de/calliope-mini-laermampel*

Ausblick Makerspaces

Die oben genannten Making-Bereiche können in verschiedenen Unterrichtssettings zum Einsatz kommen. So ist es beispielsweise möglich, kleinere Projekte direkt im Klassenzimmer durchzuführen. Eine weitere Möglichkeit ist es, die Schule mit einem kleinen „Maker-Bereich“ oder gar einem eigenen Makerspace auszustatten, der all die oben genannten Bereiche in sich vereint und damit einen Ort darstellt, der extra für das freie Ausprobieren, Tüfteln und Basteln gedacht ist. Ein Makerspace kann darüber hinaus auch individuell auf die Bedürfnisse und Ansprüche der jeweiligen Schule ausgeweitet und angepasst werden.

Ein umfangreich ausgestatteter Makerspace ist aufgeteilt in verschiedene Arbeitsbereiche, ähnlich verschiedener Werkstätten, jedoch als ein Ort, als eine zentrale Anlaufstelle für Klassen oder einzelne Schülerinnen und Schüler. Ein Makerspace ist der Raum im Schulgebäude, in dem spezielle Technologien wie 3D-Drucker oder Lasercutter zum Einsatz kommen können. Gleichzeitig gibt es dort auch Werkzeuge wie Hammer, Sägen, Nähmaschinen und Lötkolben, sowie digitale Technologien wie Computer, Tablets und Aufnahmegeräte. Die Ausstattung des Raumes ist möglichst umfangreich, um die Ansprüche der vielen möglichen Making-Vorhaben bedienen zu können.

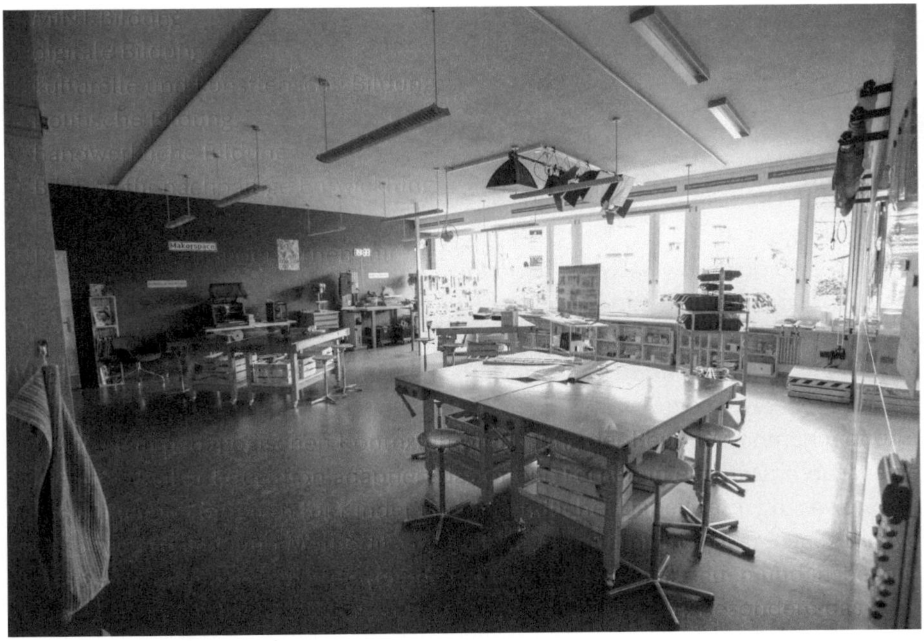

Abb. 15 **Makerspace Thurgau**

Der Makerspace gibt Lehrkräften die Möglichkeit, Projekte in einen separaten Raum zu verlagern, der sie mit umfangreicher Ausstattung unterstützt. Projekte können hier reifen, da sie nicht unmittelbar wieder weggeräumt werden müssen und weil Schülerinnen und Schüler z. B. auch außerhalb des Unterrichts in Ganztagsangeboten oder nach Schulschluss an ihnen weiterarbeiten können. Außerdem ist der Makerspace eine Anlaufstelle für Schülerinnen und Schüler, die Projekte aus sich heraus weiterentwickeln oder neu entstehen lassen wollen.

Im Makerspace können darüber hinaus klassenübergreifende und fächerverbindende Projekte stattfinden. Der Makerspace bietet seinen Nutzerinnen und Nutzern den Vorteil, viele verschiedene Materialien und Werkzeuge an einem Ort gesammelt zu finden und so Projekte ganzheitlich umsetzen zu können. Hier finden sie auch Werkzeuge und Technologien, auf die sie in ihrem Alltag gar nicht oder nur selten zugreifen können. Idealerweise wird der Makerspace im Schulalltag und im Bewusstsein der Schülerinnen und Schüler so weit etabliert, dass sie ihn selbstständig und mit ihren eigenen Projektvorhaben nutzen, weil sie wissen, dass sie im Makerspace alle Materialien und Werkzeuge finden, die sie brauchen.

Außerdem können im Makerspace auch weitere Werkzeuge und Geräte zum Einsatz kommen, deren Anschaffung deutlich teurer ist. Für Maker Education könnten dies zum Beispiel ein Plotter, Lasercutter oder eine programmierbare Stickmaschine sein.

Interview – Maker Education im Unterricht

Über Ralph Klein, Jana Gleitsmann, Anika Schilling und Jennifer Schmidt:

> *Wir sind das Ludwigsburger Team des Verbundprojekts MakEd_digital[1] und betreuen den Makerspace an der Pädagogischen Hochschule, den wir in den Projektjahren 2021/2022 eingerichtet haben (vgl. Schmidt, 2022). Ziel des Projekts und damit auch der Arbeit in unserem Makerspace ist, mittels der Maker-Education und Educational Making die „digitalisierungsbezogenen Kompetenzen" (Redecker & Punie, 2017) der Lehramtsstudierenden zu fördern. Dafür bieten wir freie Arbeitszeiten bei uns im Makerspace an, geben Workshops und unterstützen Dozierende dabei, Educational Making in ihren Lehrveranstaltungen einzubeziehen.*

1 Das Projekt „MakEd_digital – Ein pädagogisch-didaktischer Makerspace zur Förderung digitalisierungsbezogener Kompetenzen" wird im Rahmen der gemeinsamen Qualitätsoffensive Lehrerbildung von Bund und Ländern mit Mitteln des Bundesministeriums für Bildung und Forschung (BMBF) unter dem Förderkennzeichen 01JA2026A-D gefördert. Weitere Informationen unter maked-digital.de

Für welche Fächer eignet sich die Auseinandersetzung mit Maker Education? Welches Wissen, welche (Lehrplan-)Inhalte und welche Kompetenzen werden gefördert?

Maker-Education und Educational Making sind nicht zwingend an spezifische Schulfächer gekoppelt. Vor dem Hintergrund des gesellschaftlichen Wandels ist die Förderung digitalisierungsbezogener Kompetenzen, bzw. eines Grundverständnisses von Medien, Technik und informatischen Prozessen eine gesellschaftliche Bildungsaufgabe (Knaus, 2020), keine schulfachbezogene Frage.

Die Maker-Education bietet mannigfaltige Möglichkeiten, sich handlungsorientiert mit digitalen Medien und digitaler Technik auseinandersetzen und das Wissen über Medien und Technik zu fördern sowie Reflexions- und Lernprozesse auf Seiten der Makerinnen und Maker anzustoßen (Knaus, Schmidt & Merz, 2023). Grundzüge und Aspekte des Educational Making können daher in jedem Schulfach funktionieren – egal ob Making primär dem Vertiefen fachlicher Kompetenz dient oder ob medienpädagogischer Kompetenzerwerb erzielt werden soll.

Wie können Making-Aktivitäten (methodisch-didaktisch) in den Fachunterricht integriert werden – von möglichst niedrigschwellig bis zu komplex und umfangreich?

Digitale Technik fordert durch ihre Offenheit und Plastizität geradezu zum spielerisch-entdeckenden Umgang mit ihr auf (Knaus, Schmidt & Merz, 2023), Educational Making bietet hierfür einen Erfahrungsraum beim Explorieren und Experimentieren mit den Möglichkeiten und Grenzen der (digitalen) Materialien und Tools.

Makerinnen und Maker modellieren und materialisieren eigene Ideen z. B. in einer (CAD-)Software und mit dem 3D-Drucker. Die haptische Erfahrung und das greifbare Artefakt können fachbezogenes sowie digitaltechnisches Verständnis fördern (Schaal, Brändle & Wilcke, 2022).

Makerinnen und Maker setzen sich z. B. in pädagogisch-angeleiteten Coding-Projekten mit digitalen Strukturen auseinander, sie lernen codierte Anweisungen nachzuvollziehen, selbst eigene Codezeilen zu kreieren und diese zu reflektieren. Hierfür eignen sich z. B. Mikrocontroller und vorprogrammierte Roboter-Kits mit visuellen Programmieroberflächen.

Vertiefte Reflexions- und Verstehensprozesse werden gefördert, wenn digitaltechnische Artefakte selbst geplant, konstruiert und reflektiert werden (wie z. B. in unserem Makerspace Snack-Automaten, CO2-Messsensoren oder digital-responsive Lautsprecherboxen).

Was müssen Lehrkräfte können und wissen, um Making-Aktivitäten in ihrem Unterricht umzusetzen?

Educational Making kann ohne umfangreiches Vorwissen seitens der Lehrenden in pädagogische Lernszenarien integriert werden. Die wichtigste Voraussetzung ist die Bereitschaft, sich auf handlungsorientierte Lernszenarien mit digitalen Medien und Technik einzulassen. Um Making an Schulen und im Unterricht zu stärken, braucht es interessierte Lehrkräfte und Schülerinnen und Schüler, die, unabhängig von ihrer fachlichen Ausrichtung oder ihrem (technischen) Vorwissen, neugierig sind auf Making, den Makerspace als kollaborativen Lern- und Erfahrungsraumraum sowie auf Making als pädagogischen Ansatz.

Nach ersten Making-Erfahrungen sind für eine längerfristige Verankerung von Maker-Education an Schulen eine konkrete Zielsetzung, materielle und personelle Ressourcen (Werkzeuge, Materialien, Expertinnen und Experten/Ansprechpartnerinnen und Ansprechpartner, Finanzierung) sowie die technik- und sicherheitsrelevanten Aspekte bedeutsam.

Für die (curriculare) Verankerung von Educational Making im Unterricht ist Medienkompetenz, bzw. sind digitalisierungsbezogene Kompetenzen notwendig, die aber – ganz im Sinne des Learning by Doing nach Dewey – handlungsorientiert im Makerspace gesammelt werden können.

Warum lohnt sich eurer Meinung nach die Auseinandersetzung von Lehrkräften mit Maker Education im Kontext Schule?

Makerinnen und Maker entwickeln im aktiven Tun eine Beziehung zu Lerngegenständen – inhaltlich wie zu den verwendeten Tools/Materialien – und ein Bezug zur Lebenswelt wird greifbar und konkret. So kann Making als konstruktivistisch-handlungsorientierter Lernansatz Motivation und Freude am Lernen steigern (Schelhowe, 2007).

Lehrkräfte fungieren als unterstützende Mentorinnen und Mentoren und geben nur wenig Instruktion, tradierte Rollen im Lehr-Lernprozess werden aufgebrochen. Neben dem persönlichen Wissenszuwachs beim Lernen mit und über digitale Medien wird auch die Befähigung gestärkt, Schul- und Unterrichtsentwicklung bezüglich aktueller digitaltechnischer, gesellschaftlicher und kultureller Entwicklungen zu reflektieren.

Ein grundlegendes Verständnis von Technologie, Technik sowie medialer und informatischer Prozesse ist die Voraussetzung für gesellschaftliche Handlungsfähigkeit, Mündigkeit und Teilhabe in einer von digitalen Technologien mitgestalteten Welt. Dieses kann dabei unterstützen, Ängste oder Vorbehalte gegenüber dem digitalen Wandel abzubauen und gesellschaftliche Transformationsprozesse als Gestaltungsaufgabe zu sehen (vgl. Knaus & Schmidt, 2020).

Abb. 16 **Von der Realität ins Digitale und zurück – Modellierung eines Hominiden-Schädels vom Struktur- zum Funktionsmodell, oben: 3D-Scan eines Schädelmodells, mitte: Bestimmung des Hirnvolumens im 3D-modellierten und gedruckten Funktionsmodell, unten: Modellierung des verkleinerten Schädelmodells in Tinkercad**

4 Makerspaces als Ort für Maker Education

Making kann in Bildungskontexten auf unterschiedliche Art passieren. Einerseits kann es Projektwochen zum Thema Making geben oder Exkursionen in Makerspaces. Aber auch an Schulen können Makerspaces aufgebaut werden und dort sowohl die Unterrichtsgestaltung als auch Freiarbeitszeiten bereichern. Mit einem eigenen Makerspace gewinnt die Schule einen Ort, an dem Schülerinnen und Schüler sich kreativ entfalten und an Projekten arbeiten können.

Kreativer Raum für freies Entfalten und Lernen

Makerspaces als offene Werkstätten, in denen sich Menschen treffen, um gemeinsam zu tüfteln und sich dabei gegenseitig zu unterstützen, funktionieren nicht nur für Erwachsene, sondern bieten auch Kindern und Jugendlichen besondere Potenziale. Es gibt bereits mehrere Schulen, an denen ein Makerspace fester Bestandteil ist und Schülerinnen und Schüler diesen sowohl im Unterrichtskontext (Werken, Informatik etc.) als auch im Ganztagsbereich oder für Projekte nutzen können. Dabei sollte mit dem Aufbau eines Makerspace auch die Etablierung eines Maker-Mindsets, also eines Umdenkens etablierter schulischer Strukturen, einhergehen.

Im Projekt *MakerSpace – Raum für Kreativität* der Pädagogischen Hochschule Thurgau und der Ostschweizer Fachhochschule ist an einer Schweizer Primarschule vor dem Hintergrund des Aufbaus eines Makerspace aus der Projektgruppe heraus das *Silberberg-Manifest* entstanden, das die wesentlichen Aspekte des Maker Mindsets der Schule in einer Art Manifest zusammenstellt.

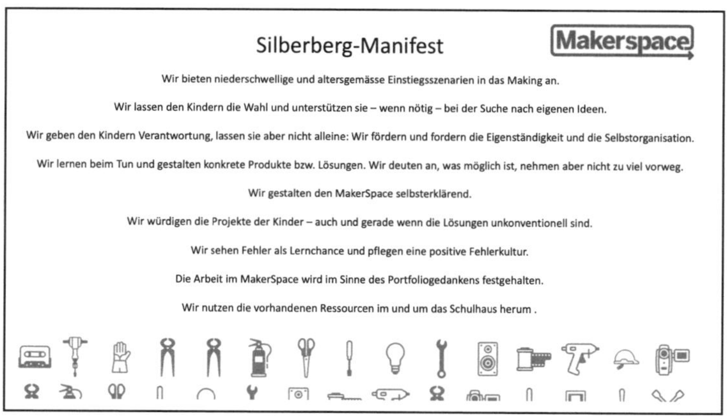
Silberberg-Manifest

Makerspace

Wir bieten niederschwellige und altersgemässe Einstiegsszenarien in das Making an.

Wir lassen den Kindern die Wahl und unterstützen sie – wenn nötig – bei der Suche nach eigenen Ideen.

Wir geben den Kindern Verantwortung, lassen sie aber nicht alleine: Wir fördern und fordern die Eigenständigkeit und die Selbstorganisation.

Wir lernen beim Tun und gestalten konkrete Produkte bzw. Lösungen. Wir deuten an, was möglich ist, nehmen aber nicht zu viel vorweg.

Wir gestalten den MakerSpace selbsterklärend.

Wir würdigen die Projekte der Kinder – auch und gerade wenn die Lösungen unkonventionell sind.

Wir sehen Fehler als Lernchance und pflegen eine positive Fehlerkultur.

Die Arbeit im MakerSpace wird im Sinne des Portfoliogedankens festgehalten.

Wir nutzen die vorhandenen Ressourcen im und um das Schulhaus herum .

Abb. 17 Silberberg-Manifest

Projekte der Lernenden müssen nicht in Konkurrenz zueinander stehen, die Bewertung erfolgt nicht allein aufgrund des Endproduktes. Es geht vielmehr um das Ausprobieren und Herantrauen an Neues und Unbekanntes, das kreative Schaffen in einer kollaborativen Atmosphäre. Sich gegenseitig zu unterstützen ist ausdrücklich gewünscht. Die Lehrkraft kann die Schülerinnen und Schüler bei ihren Vorhaben unterstützen, aber auch selbst in die Rolle der lernenden Person schlüpfen und gemeinsam mit den Kindern und Jugendlichen tüfteln und erforschen.

Denn die Rolle von Lehrkräften in Making-Kontexten ist immer eine begleitende und selten eine anleitende. Es gibt Situationen, in denen Hilfe und Expertise erforderlich sein können, wie beispielsweise beim Bedienen des 3D-Druckers oder dem achtsamen Umgang mit scharfem Werkzeug (Cuttermesser, Sägen etc.). Gleichzeitig muss nicht die Lehrkraft allwissend oder Profi auf dem Gebiet sein. Unterstützen kann hier die Einbindung von externen Expertinnen und Experten (beispielsweise einer Handwerkerin oder einem Fotografen aus der Region). Auch erfahrene Kinder und Jugendliche können die Rolle von Peer-Tutorinnen und -Tutoren übernehmen. Einführungen in Werkzeuge oder Arbeitsweisen, z. B. in Workshopform oder durch Anleitungen, können zu Beginn eines Projektes sinnvoll sein, denn Unterricht in Makerspaces kommt nicht immer ohne anleitende Phasen aus. Im Wechsel mit Arbeits- und Reflexionsphasen tragen diese zum Gelingen eines Projektes bei.

Im Makerspace sollten für alle Menschen, die ihn benutzen wollen, gemeinsame Regeln gelten. Dazu zählen einerseits Vereinbarungen im Umgang mit Werkzeugen. Wer darf Werkzeuge aus dem Schrank nehmen? Welche Werkzeuge dürfen nicht ohne vorherige Einführung (wie beispielsweise dem „Löt-Führerschein“) genutzt werden? Und welche Werkzeuge werden nur zu zweit bedient? Andererseits sind auch Regeln im sozialen Miteinander wichtig. Das betrifft zum Beispiel eine offene Fehlerkultur und den Umgang mit frustrierenden Momenten, sowie die gegenseitige Achtung der Ideen und Wertschätzung anderer und die Kommunikation auf Augenhöhe. Daneben können auch Regeln im Umgang mit Streit oder Handynutzung während der Arbeitszeit aufgestellt werden. Bestenfalls werden in das Finden gemeinsamer Regeln die Lernenden selbst einbezogen. Das schafft Verbindlichkeit und gibt ihnen die Möglichkeit zur Partizipation (vgl. Maurer & Ingold, 2021, S. 142–146 und S. 340).

Exkurs: Offene Lernsettings

Für Maker Education und die Etablierung eines Maker Mindset ist es hilfreich, sich offene Lernsettings im Allgemeinen anzusehen. Zum einen kann Making eine Möglichkeit sein, offene Lernsettings als neues Unterrichtskonzept einzuführen, zum anderen begünstigt ein offenes Lernsetting durch seinen Charakter die Arbeit an Making-Projekten.

Offene Lernsettings sind ein pädagogisches Konzept, das darauf abzielt, Lernumgebungen zu schaffen, die flexibel und anpassungsfähig sind, um den Bedürfnissen und Interessen der Lernenden gerecht zu werden. Offene Lernsettings ermöglichen es den Schülerinnen und Schülern, ihre eigenen Lernprozesse zu gestalten und zu kontrollieren, indem sie Ressourcen und Aktivitäten nutzen, die auf ihre individuellen Ziele und Bedürfnisse abgestimmt sind. Diese Lernmethode setzt auf Selbstbestimmung und Eigenverantwortung der Lernenden und ermöglicht ein individuelles Lerntempo.

Die Einschätzung, wann ein Lernsetting offen ist, kann verschieden ausfallen und richtet sich auch danach, wie die Lehrkraft bisher den eigenen Unterricht gestaltet hat. Ein offenes Lernsetting zeichnet sich vor allem dadurch aus, dass Schülerinnen und Schüler ihre eigenen Ideen und Interessen in die Lernprozesse einbringen und es viele Freiheiten im methodischen Vorgehen und der konkreten inhaltlichen Ausgestaltung des Lernens gibt. In offenen Lernsettings haben die Schülerinnen und Schüler die Möglichkeit, ihren Lernweg selbst zu gestalten, was zu einem effektiveren und effizienteren Lernen führen kann und die Kreativität der Schülerinnen und Schüler fördert. Geeignete Settings können beispielsweise Lernateliers und Lernlandschaften sein, die räumlich und ausstattungstechnisch auf das selbstständige Lernen von Schülerinnen und Schülern ausgerichtet sind. Freiarbeit und Stationenlernen, sowie die Arbeit in Werkstätten und an Projekten können ebenfalls als offenes Lernsetting bezeichnet werden. Zentral ist hierbei immer die Offenheit in der Gestaltung des Lernens durch die Schülerinnen und Schüler.

In offenen Lernsettings ändert sich die Rolle der Lehrkraft von der unterrichtenden hin zur begleitenden Instanz. Sie ist in erster Linie dafür verantwortlich, den Lernenden einen klaren Rahmen und eine Struktur zu bieten, die ihnen dabei hilft, sich selbst zu organisieren und eigenverantwortlich zu lernen. Außerdem hilft sie den Lernenden, von ihren Interessen zu einem konkreten Thema zu kommen und eigene Ziele zu setzen. Sie gibt Hilfestellungen, welche Schritte für das Erreichen ihrer Ziele notwendig sind. So können die Lernenden ihre eigenen Lernprozesse besser planen und steuern. Auch die Bereitstellung von Materialien und Ressourcen sowie die Einrichtung von Lernumgebungen und Lerngruppen gehören zu den Aufgaben der Lehrkraft. Regelmäßige Rücksprachen mit den Schülerinnen und Schülern über deren Erfolge, Schwierigkeiten und Vorhaben geben den Lernenden Halt und Orientierung und ermöglichen es gleichzeitig der Lehrkraft, den Überblick über Fortschritte und Bedürfnisse der Schülerinnen und Schüler zu behalten.

Werkzeuge und Grundausstattung

Die für Making-Aktivitäten genutzte Werkzeuge variieren je nach Setting und Vorhaben. *Typische Werkzeuge* sind im Folgenden dargestellt:

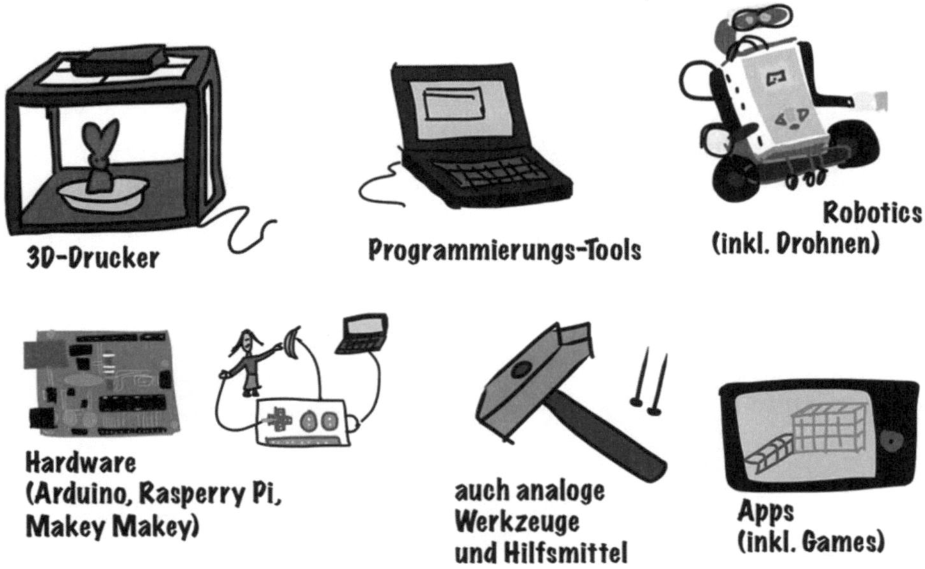

Abb. 18 Maker-Werkzeuge

Die konkrete Ausstattung eines Makerspace kann mit der Zeit wachsen und muss nicht von Anfang an bereits vollständig sein. Wichtig ist es, in der Planung Platz für verschiedene Arbeitsbereiche mitzudenken. Dabei braucht es neben einem Arbeitsraum (oder mehreren kleinen) auch Materiallager oder Räume für Aktivitäten, die spezielle Bedingungen benötigen, wie etwa Dunkelkammern für analoge Fotografie, Räume mit guter Belüftung für Lackierarbeiten, schallgedämmte Räume für Audioproduktion oder auch je nach Bedarf eine Abtrennung von „lauten Tätigkeiten“ mit Maschinen. Wichtig ist auch, deutlich zu machen, welche Bereiche oder Werkzeuge für Kinder und Jugendliche einfach zugänglich sein dürfen und welche nicht.

Als *Grundausstattung* kann es helfen, sich an den ersten Vorhaben zu orientieren. Wofür soll der Makerspace genutzt werden? Welche Projekte sind vielleicht jetzt schon geplant? Die dazu notwendigen Materialien und Werkzeuge sollten in jedem Fall da sein. Es bietet sich unabhängig davon an, Werkzeuge, Geräte und Materialien anzuschaffen, die für viele Aktivitäten genutzt werden können.

Mögliche Arbeitsbereiche und passende Werkzeuge für Makerspaces

Textiles Gestalten
- Stick- und Nähmaschinen (eventuell programmierbar)
- Stickrahmen, Häkel- und Stricknadeln
- Filzmaterialien

Holzverarbeitung
- (Elektrische) Sägen
- Hammer, Schraubzwingen, Schraubendreher und Co.
- Lasercutter

Metallverarbeitung
- CNC-Fräse

Digitales Tüfteln
- LEDs, Motoren und Co.
- Batterien
- Lötkolben
- Platinen

Gamedesign, Programmieren und Robotik
- Laptops/Tablets mit (Web-)Programmen zum Programmieren
- kindgerechte Roboter wie Ozobots, Dash, Bee-Bots, mBots
- Lego® (programmierbare Robotiksets)

Dreidimensionalität und Konstruktion
- 3D-Drucker
- Material für Modellbau
- Rechner mit (Web-)Programmen wie Tinkercad, Blender

Film/Foto, Trickfilm
- Laptops/Tablets mit Programmen/Apps zur Film-/Fotobearbeitung
- Camcorder, Kameras
- Greenscreen, Hintergründe, Requisiten
- Licht, Reflektoren, Stative
- analoge Kameras (erfordert Dunkelkammer und entsprechendes Equipment)

Audio
- Mikrofon ggf. mit Halterung und Popschutz
- Ansteckmikros
- Ecke/Nische/kleiner Raum mit Schallisolation

Kreativ-/Materialdepot oder: Was sonst noch da sein sollte ...
- vielfältiges, buntes Dekomaterial wie Federn und Pailletten
- Malfarben
- Stoffe und Garn
- Filament für 3D-Druck
- Papier und Pappen
- Holzleisten und Blöcke
- Bastelutensilien wie Scheren, Kleber, diverse Stifte und Marker, Heißkleber etc.

Interview – Aufbau und Grundausstattung von Makerspaces

Über Mario Parade:

Abb. 19 Mario Parade

Mario Parade ist Lehrer an einer Montessorischule in Potsdam und dort in den Bereichen Informatik und Landwirtschaft tätig. Er ist Gründer des FabLabs „machBar“ und des Wissenschaftsladens Potsdam und arbeitet dort an Open-Source-Hardware Projekten aber auch an Forschungsprojekten zum Thema Maker Education und aktuellen Technologiethemen, wie z. B: Quantencomputing. Außerdem ist er seit einigen Jahren Mitglied des FabLearn-Projekts am teaches College der Columbia University in New York City.

Welche Fragen sollte sich eine Schule vor dem Aufbau eines Makerspaces hinsichtlich der Ausstattung stellen und was wären mögliche Antworten?

„Eine grundsätzliche Eigenschaft von Makerspaces ist, dass es offene Räume sind. Das heißt, auf eine Schule bezogen, hat die gesamte Schulgemeinschaft einen Zugang zu diesem Raum. Das sind vor allem die Schülerinnen und Schüler, aber auch die Lehrerinnen und Lehrer, auch wenn sie „fachfremd“ sind. Denn ein Makerspace ist grundsätzlich ein fächerübergreifender Lernort! In den meisten Schulen existieren Räume für den Fachunterricht mit der entsprechenden Ausstattung: Physikraum, Chemielabor, Werkstatt (Holz), Küche oder ein Kunstraum. In jedem dieser Räume werden verschiedenste Techniken und Materialien verwendet. Wie lassen sich diese schon bestehenden Ressourcen zu einem Makerspace zusammenführen? Damit wäre schon eine der grundlegendsten Eigenschaften des „Makings“, das Zusammenführen verschiedenster Technologien, wie Dinge erschaffen und verändert werden können. Weitere Fragen, die sich im Schulkontext dann

immer stellen: Gibt es eine Gruppe von Lehrkräften und Lernenden, die sich diesem Ort annehmen? Wie lässt sich die Idee eines Makerspaces in das Curriculum einbinden? Und wie können die Schülerinnen und Schüler schnell davon partizipieren? Erst dann sollte sich die Frage gestellt werden, welche Werkzeuge der digitalen Fabrikation ergänzend dazu beschafft werden können (3D-Drucker, Lasercutter etc.).

Welche Werkzeuge, Geräte und Technologien betrachtest du als Grundausstattung für einen Makerspace im Aufbau, um möglichst sofort mit Making-Aktivitäten starten zu können?

” *Wenn ein Budget vorhanden ist, sollte es in der Ausstattung eine ausgewogene Balance zwischen Werkzeugen und Geräten aus dem Bereich digitaler Fabrikation, Handwerk, Elektronik und Programmierung geben:*

- *digitale Fabrikation: 3D-Drucker (langsame Produktion), Lasercutter (schnelle Produktion)*
- *Elektronikarbeitsplätze: Löten und Elektronik testen, Bausätze (z. B. microBit, Calliope, Raspberry Pi, Makey Makey)*
- *traditionelle Handwerkgeräte: z. B. Schraubenzieher, Sägen, Feilen etc.*
- *mehrere Computer, auf denen Programmier- und Designsoftware installiert ist*

Wenn es um die Einrichtung des Raumes und die Auswahl der Geräte gehen soll, sollten zwei Dinge nicht vergessen werden: Grundsätzlich ist die Benutzung der Geräte nicht altersgebunden, die Komplexität der Projekte und Dinge, die kreiert werden, sind es jedoch! Ein Makerspace ist in erster Linie ein Community-Raum und erst dann eine Werkstatt! Das bedeutet, dass es Platz geben muss, um sich zu treffen, gemeinsam Problemstellungen auszuloten und Projekte zu entwickeln.

Welchen Tipp würdest du Schulen geben, die über wenig Budget verfügen?

” *Die Ausstattungs- und Raumfrage ist in vielen Schulen ein limitierender Faktor. Neben vielen anderen Möglichkeiten gibt es zwei Varianten, die mit einem geringen Budget relativ schnell verwirklicht werden können:*

- *fahrbare mobile Mini-Maker-Toolbox: Ähnlich einem Laptopwagen, können grundlegende „Making“ Tools in einer fahrbaren Box untergebracht werden, die dann in die entsprechenden Unterrichtsräume gefahren werden kann. Hinsichtlich der Ausstattung könnten diese Elektronikbausätze, Lötsets sowie kleinere handwerkliche Werkzeuge enthalten.*
- *Kooperation mit einem örtlichen Makerspace bzw. FabLab: Mittlerweile existieren allein in Deutschland mehrere hundert Makerspaces und FabLabs. Diese könnten in Kooperation mit der Schule genutzt werden. Dort*

ist zumeist eine gute Ausstattung vorhanden. Ein weiterer positiver Effekt der Zusammenarbeit wäre eine Stärkung der Nutzung außerschulischer Lernorte.

Wie können der Aufbau und die Nutzung eines Makerspaces partizipativ organisiert und gestaltet werden?

Partizipation und Gestaltung ist immer eine Haltungsfrage, in die alle Akteurinnen und Akteure mit eingebunden werden sollten. Für den Aufbau eines Makerspaces könnte das neben der Einbindung von Schülerinnen und Schülern und Lehrkräften auch der Ansatz sein, die Schule in Teilen als Manufaktur für sich selbst zu begreifen. Das heißt: Lernmaterialien, Nachhaltigkeitsprojekte in der Schule, aber auch Mobiliar könnten in Teilen gemeinsam entwickelt und der Schulgemeinschaft zur Verfügung gestellt werden. Das ist natürlich ein großes Ziel bezogen auf die gesamte Schule. Doch der Ort, wo alles beginnt, ist der Makerspace! Dieser sollte kein vorgefertigter Raum sein, sondern in einem gemeinsamen Prozess gebaut, gestaltet und designt werden, dann wird er auch dementsprechend genutzt.

Lupenthema: Selbstorganisiertes Lernen

Making-Aktivitäten laufen idealerweise sehr selbstorganisiert ab. Je nach Vorhaben und Rahmenbedingungen, werden die Schülerinnen und Schüler in die Lage versetzt, einen Prozess zu planen, eigenständig umzusetzen und zu reflektieren. Gerade Making-Projekte bieten sich an, selbstorganisiertes Lernen schrittweise zu lernen.

Das eigene Lernen selbst zu organisieren ist auch außerhalb von Making-Aktivitäten eine wichtige, zukunftsgerichtete Kompetenz. Die Schülerinnen und Schüler werden ermutigt, ihre eigenen Lernziele zu identifizieren und ihren eigenen Lernprozess aktiv zu gestalten. Sie müssen in der Lage sein, ihre eigenen Lernbedürfnisse zu erkennen, sich erreichbare Ziele zu setzen und geeignete Lernressourcen und -methoden auszuwählen. Dafür ist es wichtig, dass die Lernenden über ein differenziertes und vielfältiges Angebot an Aufgabenstellungen und Lernmethoden verfügen. Schülerinnen und Schüler haben unterschiedliche Fähigkeiten, Bedürfnisse und Interessen, an denen selbstorganisiertes Lernen ansetzt. Die Lehrkraft kann den Schülerinnen und Schülern dabei helfen, individuelle Stärken zu fördern.

Eine gute Organisation und Infrastruktur des Raumes sind wichtig, damit sich die Lernenden ohne viel Unterstützung selbstständig organisieren können.

Dafür kann es z. B. hilfreich sein, sämtliche Materialien zu beschriften und notwendige Anleitungen sowie weiterführende Materialien beispielsweise digital über QR-Codes zur Verfügung zu stellen. Die Schülerinnen und Schüler können sich so selbstständig über den Einsatz bestimmter Werkzeuge und Methoden informieren und sind nicht auf die Einweisung durch eine Lehrkraft angewiesen.

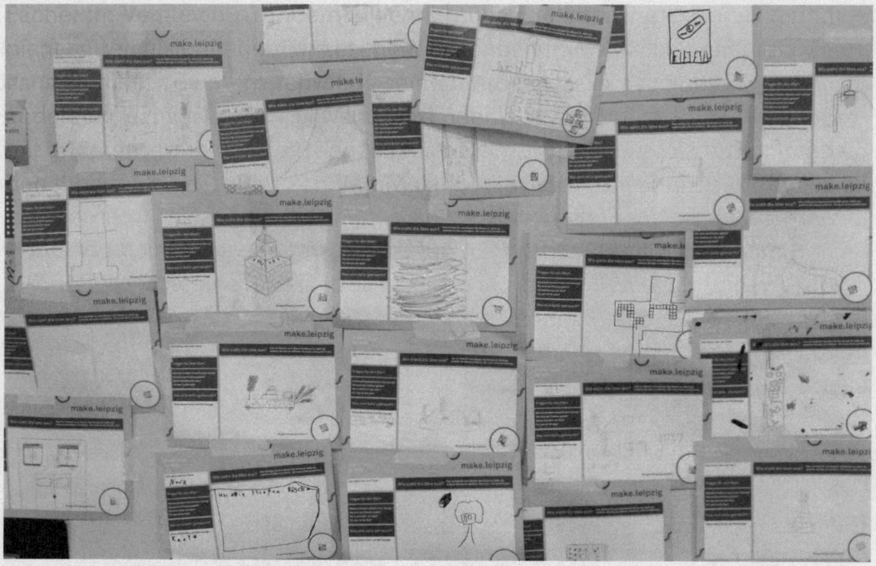

Abb. 20 **Planungsbögen Maker-Projekt**

Eine Möglichkeit, Schülerinnen und Schüler bei der Selbstorganisation ihres Lernprozesses zu unterstützen, ist die Verwendung von Wochenplänen, die Schülerinnen und Schüler dabei unterstützen, Prioritäten zu setzen und ihren Lernprozess zu planen. Ein Wochenplan gibt den Schülerinnen und Schülern eine Struktur und Routine im Lernprozess. Sie wissen genau, welche Aufgaben sie sich selbst vorgenommen haben und können sich darauf einstellen. Die Lehrkraft sollte den Schülerinnen und Schülern helfen, den Wochenplan zu erstellen und regelmäßig mit ihnen über die eigenen Fortschritte und Vorhaben sprechen. Durch regelmäßige Gespräche können Lehrkräfte auch Feedback von den Schülerinnen und Schülern erhalten, um ihr Unterrichtskonzept weiterzuentwickeln. Lehrkräfte können die Rückmeldungen nutzen, um ihre Methoden und Materialien anzupassen und somit den Lernprozess der Schülerinnen und Schüler intensiver zu fördern.

Überzeugungsarbeit: Wie sage ich es meiner Leitung?

Für Maker Education im schulischen Kontext gibt es viele gute Argumente. Dennoch kann es vorkommen, dass der Vorschlag, Making-Aktivitäten in der Schule umzusetzen, auf Widerstand stößt. Der erste Rat hierbei ist immer, selbst einmal auszuprobieren, um überhaupt bewerten zu können. Exemplarisch sind hier folgend *Argumente gegen drei häufige Vorbehalte* erläutert:

- *Der Schule stehen nicht genügend finanzielle Mittel zur Verfügung, um Material und Werkzeuge für Making-Aktivitäten anzuschaffen.*
  Um Maker Education in der Schule einzuführen, braucht es jedoch keinen komplett ausgestatteten Makerspace. Making-Aktivitäten können auch im kleinen Rahmen stattfinden. Material kann selbst mitgebracht oder in der Schule zusammengetragen werden. Oft können Eltern oder der Werkraum mit Werkzeug aushelfen. Und wenn ein großes Vorhaben ansteht, lohnt sich die Öffnung der Schule nach außen und Suche nach Kooperationspartnerinnen und -partnern sowie nach geeigneten dritten Orten.
- *Oft entstehen Hemmungen und Vorbehalte gegen Making-Aktivitäten bei Lehrkräften aus dem Gefühl heraus, dass das nötige Fachwissen fehlt.*
  Wenn Kompetenzen im Umgang mit Werkzeugen und Technik fehlen, kann das häufig ein als sehr groß wahrgenommenes Hindernis darstellen. Es gibt jedoch bereits zahlreiche praxisnahe und konkrete Anleitungen und Materialien im Internet, die zum Nachmachen, Ausdrucken und Weiterverwenden gedacht sind. Ein Perspektivwechsel entsteht, wenn mit den Schülerinnen und Schülern gemeinsam Dinge ausprobiert und herausgefunden werden. Auch wenn etwas nicht funktioniert, kann daraus gelernt werden. Im Team mit weiteren Kolleginnen und Kollegen zu arbeiten, kann den Druck nehmen, das unbekannte Projekt allein stemmen zu müssen. Und auch hier lohnt sich der Blick nach außen. Expertinnen und Experten sowie Fachkräfte können für eine Kooperation zum Projekt eingeladen werden.
- *Making-Aktivitäten sind nur Basteln, wobei die Schülerinnen und Schüler nichts lernen.*
  Wenn Making-Aktivitäten im richtigen Setting stattfinden, geht es neben Fachwissen und fachspezifischen Kompetenzen auch um Persönlichkeitsbildung, Selbstwirksamkeit, selbstorganisiertes Lernen, soziale und übergreifende Kompetenzen, um Kooperation, um Kreativität und das Lernen von- und miteinander. Making-Aktivitäten sind ein ideales Setting, um die persönliche und fachliche Weiterentwicklung der Lernenden mit Spaß und Handlungsorientierung zu verbinden.

Abb. 21 **Kooperation**

Interview – Überzeugungsarbeit und Maker Mindset

Über Björn Maurer:

Abb. 22 **Björn Maurer**

Mein Name ist Björn Maurer. Ich leite die Forschungsstelle Medienpädagogik an der Pädagogischen Hochschule Thurgau in Kreuzlingen auf der Schweizer Seite des Bodensees. Dort konnte ich seit 2016 in mehreren Projekten pädagogisches Making als Bildungsinnovation an Schulen erproben. Aktuell begleite ich ein Entwicklungsprojekt, in welchem fünf Thurgauer Pilotschulen jeweils Makerspaces als Lernumgebungen eingerichtet und pädagogisches Making im Schulalltag implementiert haben.

Wie kann Überzeugungsarbeit für die Einbindung von Maker Education im Unterricht geleistet werden?

Schülerinnen und Schüler müssen selten überzeugt werden. Viele sind begeistert und schätzen das selbstbestimmte Arbeiten. Begeisterte

Schülerinnen und Schüler überzeugen wiederum Eltern, wenn sie über ihre Projekte im Makerspace berichten und dabei mit Fachwissen beeindrucken. Handwerks- und Dienstleistungsbetriebe, kleine und mittelständige Unternehmen brauchen Fachkräfte, die Probleme erkennen, handeln und selbstständig Lösungen entwickeln können. Die Bereitschaft, in schulische Making Initiativen zu investieren – sei es in Form von Expertise oder Finanzen – ist hoch. Und die Chance, sich beim schulischen Making Aspekte der Digitalität aktiv anzueignen und mit digitalen und analogen Technologien bzw. Werkstoffen eigene Ideen zu verwirklichen und Fähigkeiten wie Kreativität, Kollaboration und kritisches Denken zu erwerben, ist nicht zuletzt aus bildungspolitischer Sicht attraktiv. Lehrkräfte, die ihre Schülerinnen und Schüler anders – z. B. motivierter, kreativer – erleben als im Regelunterricht, sehen den (Mehr)wert im schulischen Making. Eine Hospitation in einem anderen schulischen Makerspace kann daher bei Lehrkräften mehr bewirken als verbal vorgetragene Argumente. Mit Überzeugungsarbeit allein ist es allerdings nicht getan. Es braucht zusätzlich Ressourcen, Vertrauen und ein gemeinsames Verständnis von schulischem Making.

Was ist ein Maker Mindset und was hat das mit Lehrkräften zu tun?

” *Das Maker Mindset überschneidet sich mit dem Konzept des Growth Mindset aus der positiven Psychologie. Es beschreibt eine neugierige und zugewandte Haltung gegenüber Unbekanntem, die Freude am Lernen und an der eigenen Entwicklung sowie den Glauben an eigene Fähigkeiten und Ressourcen. Zum Maker Mindset gehört auch, den Mut aufzubringen, Neues auszuprobieren und dabei Fehler zu machen und aus ihnen zu lernen. Die Lerngemeinschaft wird als Unterstützung und Inspirationsquelle und nicht als Konkurrenz wahrgenommen. Making ist so vielseitig, dass niemand in allen Bereichen kompetent sein kann und dass deshalb von und miteinander gelernt wird. Manche Lehrkräfte verstehen sich in erster Linie als Wissensvermittlerinnen und -vermittler und haben Schwierigkeiten damit, sich selbst und anderen gegenüber Wissenslücken einzugestehen oder sich – angesichts des tatsächlichen oder gefühlten Stoffdrucks – auf Projekte mit ungewissem Ausgang einzulassen. Sie müssen lernen, Verantwortung abzugeben und weniger die Defizite, sondern die Potenziale ihrer Schülerinnen und Schüler zu sehen und letzteren Raum zu geben. Das kann in einer innovationsfreundlichen Schulumgebung funktionieren, in welcher das Maker Mindset von Kollegium und Leitung geteilt wird.*

Was können Schulleitung und Lehrkräfte tun, damit der Makerspace zum Lernort in der Schule wird?

” *Die Schulleitung hat hier eine Schlüsselposition inne. Im Idealfall arbeitet sie mit interessierten Lehrkräften in einem Makerteam an der Implementation. Sie sollte von Beginn an im Schulhausteam sensibel kommunizieren und klären, was unter schulischem Making zu verstehen ist und was von den Lehrkräften diesbezüglich erwartet wird. Außerdem muss offengelegt werden, wie, wann und in welchem Zeitraum die Einarbeitung der Lehrkräfte stattfinden kann. Auf unterrichtsorganisatorischer Ebene sind Zeitfenster für Making in den Klassen- und Zielstufen zu definieren, wobei Lehrkräfte Ideen und Praxisbeispiele benötigen, wie Making mit dem Fachunterricht verbunden werden kann. Die Schulleitung lebt das Maker Mindset und ermutigt die Lehrkräfte, Making-Aktivitäten für sich und mit ihren Schülerinnen und Schülern auszuprobieren, sich dabei Zeit zu lassen und Erfahrungen zu sammeln. Sofern möglich, kann die Schulleitung Stundenentlastungen für die Betreuung des Makerspace und/oder für die Durchführung von schulhausinternen Weiterbildungen vergeben. Die Lehrkräfte können den Makerspace unter Mitwirkung der Schülerinnen und Schüler gemeinsam gestalten und somit eine hohe Identifikation mit der Lernumgebung entwickeln. Eine Arbeitsteilung bei der Einarbeitung in die Making-Technologien ist sinnvoll, ebenso wie Teamteaching und gegenseitiges Coaching. Ein Makerspace ist für die Lehrkräfte ein Ort, der Zusammenarbeit provoziert und inspiriert. Dort werden Projektideen und Erfahrungen mit neuen Technologien ausgetauscht und Making Aktivitäten gemeinsam geplant. Ein Makerspace bietet zudem die Chance, Eltern, Großeltern oder Fachleute aus Kunst, Kultur, Handwerk und Industrie als Expertinnen und Experten einzubeziehen.*

Wie kann die kreative Arbeit von Schülerinnen und Schülern im Makerspace gefördert werden?

” *Kreativität ist eine menschliche Grundeigenschaft, sie ist trainierbar, kann aber auch verlernt werden. In der Schule lernen viele Schülerinnen und Schüler mit zunehmendem Alter, kreatives Denken zu vermeiden, Risiken zu minimieren und ihre Aufgaben möglichst anforderungskonform zu lösen. Daher muss den Schülerinnen und Schülern bewusst sein, dass Making explizit Raum für unkonventionelle Lösungen, für neuartige Erfindungen lässt und dass (zunächst) nicht erwartet wird, dass alle Ideen am Ende funktionieren. Lehrpersonen können das kreative Selbstkonzept der Schülerinnen und Schüler durch kontinuierliche Ermutigung, durch Zusprache und Würdigung der Ideen und insbesondere der Fehler bzw. Fehlversuche fördern. Materialien im Makerspace sollten sichtbar und zugänglich gemacht werden. Das fördert das selbstständige Entdecken und kann Schülerinnen und Schüler zum Explorieren anregen und zu eigenen Ideen inspirieren. Beispielprojekte von anderen Makerinnen und Makern geben Orientierung, Kreativitätstechniken wie Ideenwürfel oder morphologischer Kasten können zusätzlich unterstützen. Designorientierte Methoden der Produktentwicklung wie Design Thinking Ansätze bieten ferner ein orientierendes Framework für kreative Making Projekte. Präsentationen im Rahmen von schulischen Maker Fairs stellen eine Möglichkeit dar, die Prototypen und Lernartefakte der Schülerinnen und Schüler angemessen zu würdigen.*

Lupenthema: Kreativität

Kreativität spielt bei Making-Aktivitäten in mehrerer Hinsicht eine Rolle: Zum einen sind es im wahrsten Sinne des Wortes kreative Produkte, die entstehen, oder es werden kreative Lösungen gesucht. Zum anderen geht es um kreative Herangehensweisen und Lösungswege. Daher lohnt sich ein Blick auf die nahe Verwandtschaft von Maker Education und Kreativitätsförderung (vgl. Ingold, Maurer & Trüby, 2019):

Making-Aktivitäten leben von einer großen Offenheit gegenüber dem gestalterischen Prozess und dem Produkt. Bei Kindern und Jugendlichen, die die Arbeit in offenen Settings nicht gewohnt sind, kann es zu Überforderung oder fehlendem Selbstvertrauen kommen, eigene Projektideen zu entwickeln. Eine Aufgabe der Lehrkraft ist es, den Schülerinnen und Schülern Hilfestellungen zu geben und sie an kreative Prozesse heranzuführen, damit sie Zugang zur eigenen Kreativität finden und ein Vorhaben entwickeln können. Ein kreatives Produkt erfüllt dabei in der Regel automatisch folgende Kriterien: Es ist (für einen selbst) nützlich (damit ist auch Spaß haben oder Spielen gemeint) und es ist sowohl (für einen selbst) neu als auch originell – es geht über das reine Nachahmen hinaus. Außerdem sollte es einen gewissen Grad an Inspiration zeigen, für die eventuelle Aufgabenstellung passend sein und eine clevere Lösung für ein gegebenes Problem aufzeigen (vgl. Maurer & Ingold, 2021, ab S. 85). Kreativität ist dabei nicht auf einer gesellschaftlichen, sondern auf einer persönlichen Ebene zu sehen: Das Produkt oder der Lösungsweg muss nicht für die Welt neu sein, sondern für den Lernenden oder die Lernende.

Die Lehrkraft kann die Schülerinnen und Schüler auf verschiedene Art und Weise in ihrem kreativen Prozess unterstützen. Zum einen sollte das Projekt über ausreichend Zeit verfügen, um keinen zeitlichen Druck zu erzeugen. Auch die räumlichen Kapazitäten und die Ausstattung mit Werkzeugen und Technologien sollten den Kindern und Jugendlichen möglichst viel Handlungsspielraum bieten und ihre Möglichkeiten nicht unnötig einschränken. Eine Unterstützung durch fachkompetente Expertinnen und Experten ist vorteilhaft, wenn sämtliche Werkzeuge und Technologien den Schülerinnen und Schülern unbekannt sind.

Wenn die Schülerinnen und Schüler anfangen oder bei der Arbeit ins Stocken geraten, können ihnen Inspirationen in Form von Internetrecherche oder Beispielprodukten helfen. Manchmal kann es auch helfen, mit einem gemeinsamen Projekt zu starten, das in der Weiterführung viel Freiraum für Kreativität bietet. Die Arbeit in Gruppen kann ebenfalls hilfreich sein, da sie den Lernenden die Möglichkeit bietet, von ihren Mitschülerinnen und Mitschülern zu lernen und Selbstwirksamkeitserfahrungen zu sammeln, indem sie sich gegenseitig unterstützen.

Gleichzeitig ist es wichtig, ein offenes und vertrauensvolles Umfeld zu schaffen, in dem die Schülerinnen und Schüler ihre Ideen ohne Konkurrenzgedanken und ohne Angst vor Bloßstellung teilen können. Auch kleine Erfolge sollten Anerkennung erfahren und die Schülerinnen und Schüler dazu motivieren, ihre Projekte weiterzuentwickeln.

Making-Aktivitäten fordern die Frustrationstoleranz der Schülerinnen und Schüler heraus. Scheitern und Fehler sind vorprogrammiert, wenn sie sich mit Werkzeugen und Technologien auseinandersetzen, die sie noch nicht beherrschen. Auch bei ausführlicher Planung im Voraus kommt es vor, dass der Prototyp nicht wie gewollt funktioniert. Hier müssen die Schülerinnen und Schüler dabei unterstützt werden, ihre Vorhaben an die räumlichen und ausstattungstechnischen Ressourcen anzupassen. Scheitern und Fehler müssen durch die Grundhaltung der Lehrkraft als wichtiger Schritt für das Vorankommen im Projekt kommuniziert werden. Gemeinsam sollte nach Lösungsansätzen und Möglichkeiten gesucht werden, das Vorhaben anzupassen und das Produkt anders umzusetzen als anfangs geplant. So können die Kinder trotzdem Erfolgserfahrungen machen und sind vielleicht sogar zu völlig neuen Projekten inspiriert, statt in ihrem Projekt festzustecken.

5 Weiterführendes

Erfahrungsbericht – Elternarbeit und Selbstwirksamkeit

In diesem Bericht geht es um Erfahrungen von Kristin Narr und Hannah Bunke-Emden aus dem Projekt *Maker Days for Kids* in Leipzig, einer viertägigen Werkstatt für Kinder und Jugendliche als Ferienangebot.

Wie werden bei den Maker Days for Kids Eltern und Bezugspersonen in Making-Aktivitäten eingebunden?

Bei den Maker Days for Kids laden wir am letzten Tag des Projektes alle Eltern, Familien, Bezugspersonen und Interessierten ein, vorbeizuschauen und sich einmal selbst anzusehen, woran die Kinder und Jugendlichen in den letzten Tagen im Projekt gearbeitet haben. Das gemeinsame Abschlussevent ist als Mitmachangebot konzipiert und soll die Erwachsenen einladen, selbst in die Rolle von Makerinnen und Makern zu schlüpfen, statt bloß wie in einer Galerie staunend von Produkt zu Produkt zu wandern. Die Kinder und Jugendlichen bereiten im Voraus Führungen und Workshops vor, in denen sie den Erwachsenen die Werkstatt vorstellen. Wir sind immer wieder erfreut, mit welchem Elan die Kinder ihre Eltern durch die Werkstatt führen. Die Freude ist groß, denn sie können zeigen, was sie in den letzten Tagen alles selbst gemacht haben. Noch größer ist aber die Begeisterung, die Erwachsenen bei eigenen kleinen Projekten anleiten und begleiten zu können. Die Kinder und Jugendlichen schlüpfen an diesem Tag in die Rolle der Expertinnen und Experten und können ihr erlerntes Wissen weitergeben.

Die Eltern und Bezugspersonen werden so durch die Kinder motiviert, selbst ins Ausprobieren zu kommen. Auch viele Erwachsene kommen hier zum ersten Mal in Kontakt mit neuen Technologien und Medien, die in der Lebenswelt ihrer Kinder eine große Rolle spielen. Nach erstem Zögern machen sie die Erfahrung, dass auch sie ohne jegliche Vorkenntnisse mit der richtigen Anleitung eigene kleine (digitale) Produkte erstellen können.

Wie ist die Dynamik von Kindern/Jugendlichen und Eltern/Bezugspersonen?

In diesem Format haben die Kinder und Jugendlichen die Möglichkeit, als Expertinnen und Experten aufzutreten, während sich Erwachsene in die Rolle der Lernenden begeben. Diese einzigartige Erfahrung fördert das Selbstbewusstsein der Kinder. Mit Stolz und Begeisterung zeigen sie, wie geschickt sie mit Werkzeugen umgehen und technische Herausforderungen meistern können. Indem Kinder als Erklärende auftreten, werden sie in ihrer Selbstwirksamkeit gestärkt. Sie lernen, ihr Wissen und ihre Fähigkeiten selbstbewusst zu präsentieren und sich als Expertinnen und Experten auf ihrem Gebiet wahrzunehmen.

„Lernen, indem sie es lehren“ – könnte es heißen. Dadurch, dass die Kinder den Erwachsenen Dinge zeigen und erklären, verinnerlichen sie selbst die Inhalte noch einmal mehr und intensiver.

Wir haben die Erfahrung gemacht, dass der Ausblick darauf, den Eltern und Bezugspersonen etwas zeigen und beibringen zu können, die Kinder dazu motiviert, über sich hinauszuwachsen. Bei den Maker Days for Kids haben sich Kinder spontan bereit erklärt, Führungen für zum Teil fremde Erwachsene anzubieten, Mini-Workshops durchzuführen oder ihre Eltern und Familien in verschiedene Making-Aktivitäten einzuführen.

Für die Erwachsenen bietet die Werkstatt die Möglichkeit, sich auf Augenhöhe mit den Kindern zu begeben. Dies fördert die Kommunikation, das Verständnis und die Wertschätzung zwischen den Generationen. Gleichzeitig erweitern die Erwachsenen ihren eigenen Horizont, indem sie neue Fähigkeiten und Perspektiven entdecken. Diese dynamische und wertschätzende Interaktion zwischen den Generationen schafft eine bereichernde und inspirierende Atmosphäre, in der sowohl Kinder als auch Erwachsene wachsen und voneinander lernen können.

Anlaufstellen und Sammlungen

Einführende Informationen, Anlaufstellen und Materialien

- **„Making im Schulalltag“** – Publikation von Björn Maurer und Selina Ingold zu konzeptionellen Grundlagen und Entwicklungsschritten, online abrufbar unter: *researchgate.org*
- **„Chance Makerspace – Making trifft auf Schule“** – Publikation von Selina Ingold, Björn Maurer und Daniel Trüby über schulisches Making ergänzt durch Praxisberichte und Best-Practice-Projekte, online abrufbar unter: *researchgate.org*
- **makerspace-schule.ch** – Plattform für Making in der Schule mit Erfahrungen und konkreten Hilfestellungen für den Aufbau eines Makerspaces an der Schule aus dem Projekt „Making-Erprobung Thurgau“ der Pädagogischen Hochschule Thurgau und der Ostschweizer Fachhochschule
- **„Making in der Grundschule: Digitale Bildung im Grundschulalter“** – Artikel „Über das Machen mit Medien“ von Hannah Bunke-Emden und Kristin Narr mit

ersten Einblicken in das pädagogische Making und kleineren Projekten, online abrufbar unter: *opus4.kobv.de*

- **„Makerspace Playbook School Edition" und „Maker Club Playbook"** – Publikationen über das Eröffnen eines Makerspaces für Kinder, Beispiele für den Einsatz, sowie Finanzierungsideen, online abrufbar unter: *makered.org*
- **„Maker Education. Grundlagen der werkstattorientierten digitalen Bildung in der Schule und Entwicklungen zur Professionalisierung der Lehrkräfte"** – Artikel von Melanie Stilz, Martin Ebner und Sandra Schön über Maker Education in der Lehrkräftebildung, online abrufbar unter: *researchgate.org*
- **„Aufgabenformate in der Maker Education"** – Artikel von Martin Ebner, Kristin Narr und Sandra Schön veröffentlicht auf dem Medienpädagogik Praxis-Blog, online abrufbar unter: *medienpaedagogik-praxis.de*
- **komm-mach-mint.de** – Informationsmaterial, Veranstaltungshinweise und Unterrichtsmaterial, um Mädchen und junge Frauen für MINT-Studiengänge und -Berufe zu begeistern

Praxisbeispiele, Projektideen und Methoden

- **makerstars.org** – Projektideen unterteilt in Projekte mit und ohne Strom und Computer von der Pädagogischen Hochschule Thurgau
- **diy.org** – Community Plattform für Kinder und Jugendliche zum Austausch von DIY-Projekten, Anleitungen und Workshops
- **„Werkzeugkoffer Making in der Schule"** – Publikation von Martin Ebner, Kristin Narr und Sandra Schön mit 10 Praxisprojekten inklusive Anleitungen zum Nachmachen, online abrufbar unter: *iqesonline.net*
- **„Werkzeugkasten DIY und Making"** – Sammlung von Geräten, Anwendungen und Materialien zu Making-Aktivitäten, online abrufbar unter: *medien-in-die-schule.de*
- **makespace.medialepfade.org** – Webseite zur Umsetzung eines Makerspaces an einer Berliner Grundschule mit Erfahrungsberichten, Konzepten, Materialien und Projekten zu Nachmachen umgesetzt von mediale pfade
- **„Making-Aktivitäten mit Kindern und Jugendlichen"** – Handbuch von Martin Ebner, Kristin Narr und Sandra Schön mit einem Überblick zum Thema Making, konkreten Projektideen und detaillierten Anleitungen, online abrufbar unter: *bimsev.de*
- **gmk-m-team.chayns.net** > DIY / Making – Sammlung von verschiedenen niedrigschwelligen Making-Projekten und Anleitungen zu kleinen Tüftel-Aktivitäten
- **„Making+Coding"** – Broschüre mit 14 kreativen Methoden zum Einsatz digitaler Medien in der Schule mit Jugendlichen, online abrufbar unter: *medienundbildung.com > Shop*
- **makeprojects.com und makezine.com** – Sammlung von verschiedenen Anleitungen, Erklärungen und Projektideen von der Making-Community für die Making-Community
- **medienpaedagogik-praxis.de** – Sammlung verschiedener Artikel zum Thema Making und Maker Education unter dem Suchwort „Making" auf dem Medienpädagogik Praxis-Blog

- **tueftelakademie.de** – Plattform mit Materialien, Projektideen und Unterrichtseinheiten rund um das Thema Tüfteln, Programmieren und Coden für Lehrende, Kinder und Jugendliche
- **csunplugged.org/de** – Sammlung kostenloser Lehrmaterialien und Projektideen zum Thema Informatik ganz ohne Technik
- **erfinderbaukasten.wilmaonline.net** – Website mit Anleitungen und Projektideen zu Konstruktionsbausteinen, die speziell für den Prototyping-Prozess und das Ausprobieren von mechanische Funktionen entwickelt wurden
- **kf-education.com/smartbox** – Methodensammlung zum Thema Internet der Dinge
- **makerdaysforkids.eu** – Informationen und Impressionen zu den Maker Days for Kids Leipzig, Graz und Görlitz, einer temporären, offenen (digitalen) Werkstatt für Kinder und Jugendliche
- **„Dokumentation der Online-Reihe: Hackathons im Bildungsbereich“** – Artikel zum Hackathon „Jugend hackt“ und Informationen über das Projekt sind online abrufbar unter: *kf-education.com* und *jugendhackt.org*
- **programmieren.wdrmaus.de** – niedrigschwelliger Einstieg für kleine Kinder in die Blockprogrammierung
- **scratchjr.org** – niedrigschwelliger Einstieg für Kinder in die Blockprogrammierung, erste Projektideen und Anleitungen zum Ausdrucken
- **lab.open-roberta.org** – Blockprogrammierungsplattform für verschiedene Platinen/Roboter
- **makecode.calliope.cc** – Blockprogrammierung für Calliope mini
- **thingiverse.com und tinkercad.com** – Vorlagen, Entwürfe und Tipps zu 3D-Druck

Weiterbildungsmöglichkeiten

- **aktionen.heise.de/make-education** – Webseite Make:Education mit Artikeln und Weiterbildungsangeboten sowie Unterrichtsmaterialien zum Thema Making
- **oncampus.de** – kostenloser Onlinekurs „Making & Coding (#TBeC-Making)“ zum Basteln, Tüfteln und Ausprobieren inklusive Anlaufstellen für konkrete Projektideen
- **imoox.at** – kostenlose Onlinekurse
  - Onlinekurs „Making – Kreatives Gestalten mit Kindern“ zu verschiedenen Werkzeugen und Making Aktivitäten
  - Onlinekurs „Maker Education“ zu Merkmalen und Umsetzung der Maker Education vor allem im Bereich technische und textile Gestaltung
- **oercamp.de** – Webtalk-Reihe „Making & DIY – offen und gemeinsam basteln, bauen und tüfteln“ mit Fokus auf 3D-Druck und dazu kostenloser Onlinekurs „Making und DIY“ rund um den Aufbau einer eigenen offenen Werkstatt in der Schule und die Integration in den Lehrplan
- **explore-making.ch** – Onlinekurse, Lernsettings und interdisziplinären Weiterbildungen zum Thema Making aus der Schweiz

Quellenverzeichnis

Boy, Henrike & Sieben, Gerda (Hrsg.) (2017). Konstruieren. Programmieren. Selbermachen. Bausteine für pädagogisches Making in der Jugendmedienarbeit und Ergebnisse aus dem Praxisforschungsprojekt „Fablab mobil“. Kunst & Kabel, S. 29–31. Online abrufbar unter: *jfc.info/wp-content/uploads/2021/03/jfc_Kunst_Kabel_Boy_Sieben.pdf* (28.06.2023).

Hatch, Mark (2014). The maker movement manifesto. Rules for innovation in the new world of crafters, hackers, and tinkerers. McGraw-Hill Education. Online abrufbar unter: *openlibrary.org/books/OL26921190M/The_maker_movement_manifesto* (28.06.2023).

Ingold, Selina; Maurer, Björn & Trüby, Daniel (2019). Chance Makerspace. Making trifft auf Schule. kopäd. Veröffentlicht unter CC BY 4.0 (*creativecommons.org/licenses/by/4.0/*).

Knaus, Thomas; Schmidt, Jennifer (2020). Medienpädagogisches Making – ein Begründungsversuch. In: MedienImpulse, 58 (4), S. 1–50. Online abrufbar unter: *doi.org/10.21243/mi-04-20-04* (28.06.2023).

Knaus, Thomas (2020). Von medialen und technischen Handlungspotentialen, Interfaces und anderen Schnittstellen – Eine Lesson in Unlearning. In: Knaus, Thomas & Merz, Olga (Hrsg.): Schnitt-stellen und Interfaces – Digitaler Wandel in Bildungseinrichtungen (Bd. 7 der fraMediale-Reihe). München: kopaed, S. 15–72.

Knaus, Thomas; Schmidt, Jennifer & Merz, Olga (2023). Aktive Medienarbeit als Vorbild. Handlungsorientierte Ansätze zur Förderung einer um digitaltechnische Dimensionen erweiterten Medienbildung. In: merz 2023 (3), S. 42–49.

Maurer, Björn & Ingold, Selina (2021). Making im Schulalltag. In: Zenodo (CERN European Organization for Nuclear Research). München: kopaed. Veröffentlicht unter CC BY 4.0 (*creativecommons.org/licenses/by/4.0/*).

Meißner, Stefan (2022). Maker-Literacy. MedienPädagogik: Zeitschrift für Theorie und Praxis der Medienbildung, S. 291–305. Online abrufbar unter: *doi.org/10.21240/mpaed/jb18/2022.02.28.x* (28.06.2023).

Redecker, Christine & Punie, Yves (2017). European Framework for the Digital Competence of Educa-tors: DigCompEdu. Luxembourg: Publications Office of the European Union. Online abrufbar unter: *doi.org/10.2760/159770* (28.06.2023).

Rosa, Lisa (2019). Hauptlernform Projektlernen. Wie geht das? shift. Online abrufbar unter: *shiftingschool.wordpress.com/2019/09/19/hauptlernform-projektlernen-wie-geht-das/* (28.06.2023).

Schaal, Steffen; Brändle, Marcus & Wilcke, Claus (2022). Making im Biologieunterricht. In: Unterricht Biologie (473), S. 44–47.

Schelhowe, Heidi (2007). Technologie, Imagination und Lernen – Grundlagen für Bildungsprozesse mit Digitalen Medien. Münster: Waxmann.

Schmidt, Jennifer (2022). Implementierung eines Makerspaces an der Pädagogischen Hochschule Ludwigsburg. In: Online-Magazin Ludwigsburger Beiträge zur Medienpädagogik, Ausgabe 22/2022. Online abrufbar unter: *medienpaed-ludwigsburg.de/article/view/484* (28.06.2023).

Schön, Sandra (2021). Maker Education in der Schule: Prinzipien, Beispiele und Konzeption – für das Netzwerk School Fablab, Workshop am 23.06.2021. ResearchGate. Online abrufbar unter: *researchgate.net/publication/352681352_MAKER_EDUCATION_IN_DER_SCHULE_Prinzipien_Beispiele_und_Konzeption_-_fur_das_Netzwerk_School_Fablab_Workshop_am_2362021* (28.06.2023).

Schön, Sandra; Boy, Henrike; Brombach, Guido; Ebner, Martin; Kleeberger, Julia; Narr, Kristin; Rösch, Eike; Schreiber, Björn & Zorn, Isabel (2016). Einführung zu Making-Aktivitäten mit Kindern und Jugendlichen. In: Making-Aktivitäten mit Kindern und Jugendlichen. Handbuch zum kreativen digitalen Gestalten. BoD, S. 8–24.

Schön, Sandra; Ebner, Martin & Narr, Kristin (Hrsg.) (2016). Making-Aktivitäten mit Kindern und Jugendlichen. Handbuch zum kreativen digitalen Gestalten. Online abrufbar unter: *bimsev.de/n/userfiles/downloads/making_handbuch_online_final.pdf* (28.06.2023). Lizenziert unter CC BY 3.0 *(creativecommons.org/licenses/by/3.0/)*.

Schön, Sandra & Ebner, Martin (2019). Making – eine Bewegung mit Potenzial. merz | medien + erziehung – Zeitschrift für Medienpädagogik, 04/2019, S. 9–16. Online abrufbar unter: *merz-zeitschrift.de/alle-ausgaben/details/2019-04-making-und-medienpaedagogik/* (28.06.2023).

Schön, Sandra; Ebner, Martin & Narr, Kristin (o. J.). Werkzeugkoffer „Making in der Schule“: Einführung und Praxisprojekte. IQES online. Online abrufbar unter: iqesonline.net/bildung-digital/unterrichtspraxis-erfahrungsberichte-lernumgebungen/werkzeugkoffer-making-in-der-schule/ (28.06.2023). Lizenziert unter CC BY 4.0 (*creativecommons.org/licenses/by/4.0/*).

Stilz, Melanie; Ebner, Martin & Schön, Sandra (2020). Maker Education. Grundlagen der werkstattorientierten digitalen Bildung in der Schule und Entwicklungen zur Professionalisierung der Lehrkräfte. In: Martin Rothland & Simone Herrlinger (Hrsg.) Digital?! Perspektiven der Digitalisierung für den Lehrerberuf und die Lehrerbildung. Münster: Waxmann, S. 143–159. Online abrufbar unter: *researchgate.net/publication/343111382_Maker_Education_Grundlagen_der_werkstattorientierten_digitalen_Bildung_in_der_Schule_und_Entwicklungen_zur_Professionalisierung_der_Lehrkrafte* (28.06.2023).

Über das Autorinnenteam

Abb. 23 **Kristin Narr**

Kristin Narr ist seit über 10 Jahren selbstständige Bildungspraktikerin mit medienpädagogischem Fokus. Zusammen mit ihrem kleinen Team erarbeitet sie Konzepte für zeitgemäße Bildungsangebote, berät Bildungseinrichtungen, konzipiert Workshops und führt Projekte für verschiedene Alters- und Zielgruppen durch. Sie gehört zum Gründungsteam der Leipziger Modellschule (LEMO) und ist Schulleiterin der Gemeinschaftsschule in freier Trägerschaft. Kristin ist Mitherausgeberin des Handbuchs „Making-Aktivitäten für Kinder und Jugendliche“, Mitautorin eines Buches zu „Making im Kindergarten- und Grundschulalter“ und konzipiert Fortbildungen, Online-Kurse und Unterrichtsmaterialien zu Making und Maker Education. Sie führt mit einem großen Team die „Maker Days for Kids“ in Leipzig und Görlitz durch.
Ihr **Lieblingsmakingprojekt** sind 3D-gedruckte Mini-Druckpressen (*openpressproject.com*).

Abb. 24 **Hannah Bunke-Emden**

Hannah Bunke-Emden hat ein Masterstudium in Kommunikations- und Medienwissenschaft an der Universität Leipzig mit dem Schwerpunkt Medienpädagogik abgeschlossen. Seit 2018 arbeitet sie zusammen mit Kristin Narr in verschiedenen Projekten rund um die Themen zeitgemäße Bildung, Medienpädagogik und Maker Education. Ihr Herzensprojekt sind die „Maker Days for Kids“ Leipzig und Görlitz, die sie zusammen mit Kristin Narr in der Organisation durchführt.
Ihr **Lieblingsmakingprojekt** sind riesige, gemeinsam gemalte Panoramabilder für selbstgebaute Cardboard-Brillen und ein VR-Erlebnis.

Die Broschüre ist entstanden mit Unterstützung von:

Abb. 25 **Hanna König**

Hanna König hat 2021 an der Universität Leipzig ihr Studium in Kommunikations- und Medienwissenschaft absolviert. Am liebsten arbeitet sie mit Kindern und Jugendlichen in verschiedenen Projekten, die zum Kreativwerden und Selbermachen anregen.
Ihr **Lieblingsmakingprojekt** sind leuchtende LED-Armbänder.

Abb. 26 **Felicia Lange**

Felicia Lange befindet sich derzeit im Masterstudium für Angewandte Medien- und Kulturwissenschaft an der Hochschule Merseburg. Sie beschäftigt sich am liebsten mit Makingprojekten für alle Altersgruppen sowie der Gestaltung von Websites und Social Media.
Ihr **Lieblingsmakingprojekt** sind Upcycling-Ohrringe aus Elektroschrott wie Computerplatinen.